3・11《なゐ》にめげず

——賢く強い日本人になろう——

福岡大学客員教授
永野芳宣

財界研究所

目次

はしがき（なぜ、この本を書いたか）

第一章　日本が突如危機に陥ったのは何故か

第二章　日本の歴史を見据えてみよう

第三章　日本と日本人の価値観を見てみよう

第四章　日本の風土／国土を守る構想力を育てよう

第五章　強く賢い日本人を育てよう

あとがき

……………

はしがき《なぜこの本を書いたか》

未曾有の大地震・ツナミに遭遇し、被災した方々の、驚愕して為すことも忘れる姿に、本当に涙が流れ落ちる。

だがその反面、そうした国民と殆ど同じような感覚で振る舞っていた、トップリーダー達の慌て振りに怒りが込み上げてくる。

こんなことで、これからの日本と日本国民の運命を担って貰えるのだろうか、誰しもが心配になってきているのではなかろうか。

もっと、危機の時にこそ、トップリーダーは泰然として、どこからも侵されない国造りを目指して貰いたい、そうみんなが思ったのではないか。

〈9・11〉アメリカ大統領ジョージ・ブッシュの《泰然自若》の態度と、〈3・11〉日本の首相菅直人の《軽挙妄動》の行動との余りの違いが目に浮かぶ。

戦術しか無かった首相の軽挙妄動

この人は危機の時、真のトップリーダーが持つべき《戦術と戦略》の双方ではなく、片方すなわち《戦術》しか考えなかったのではないか。

しかも、日本という国のトップリーダーとしての自分の行動が、世界中に発信され、その影響が日本国にどういう反応になって来るかという、そうした極めて大きい《戦略的思考》が、災害発生の瞬間には全く無かったとしか思えない。世界の人達が、日本のトップリーダーの挙動を注視していると思わなかったのだろうか。

そうでなければ、国家の最高司令官の感覚では無く、企業のしかも社長でもなく、いわば現場所長のような感覚で、未曾有の地震・ツナミで混乱し、状況もよく判らないような原子力発電所の現場に、自ら飛び込んだりはしない。

数十万人が被災し、数万人もが死亡や行方不明になった方々のほうは、さて置いても、国内だけでなく世界がむしろ、放射能に直ぐ結び付け悪い印象で判断するはずの場所に、自ら出向き、みんなに何事が起きたかと思わせてしまった。

この重大さに気付き、私はどうしてもこの本を書くべきだと思い立った。

これからの日本の指導者に、こうしたことがまた在っては困ると思ったからだ。

三陸沖地震は、過去何度も起きて大きな被害が在る場所だ。

もちろん、みんなが歴史の経験を活かし用心は怠らなかった。

だが、それで居て今度のような巨大なM9もの、地震とツナミが発生するとは、この3・11の瞬間まで日本人はもちろん、世界中の誰一人考えても居なかった。

誰も考えなかった魔物《なゐ》の襲来

専門家も地元の人たちも一人として、あの瞬間まであんな魔物が来るとは全く想定もしていなかった。

だから、三万人近い死者・行方不明者が出た。数万戸の家屋が完全流失、何十万人の人たちの避難所生活が続いていた。現在も、十万人以上の人達が、避難所や仮設住宅での生活を行っている。

しかし、被災者の殆どが誰一人、傍若無人になったり、大騒ぎしたりしない。日本人の静かな態度に、驚く外人記者も多い。

何故かと、考えて見た。

日本書紀に西暦六百年代の巨大地震・ツナミのことが、出ている。

当時地震のことを《なゐ→無い→空》と言った。

全てを無くすことだ。

仏教の「禅」は、その救いを顕しお寺は亡くなった者への鎮魂を捧げる。そして、みんなで営々と再生を期す。再生したと思ったら、両親達の代と同じくまた再びツナミが来て、《なゐ》→《無》になる。

その繰り返しが、災害地の日本人の心に営々と宿っている。

特に、関東・東北地方の人たちは、信仰心が篤いと言われる。それは、「全ては、天

《天皇》から授かった」という思想を、先祖代々伝えられてきたからだ。お寺同様神社も、再生を誓う場所である。そして、授かったものが亡くなり「無→空」になったら、文句を言わずひたすら再生を期す。

天すなわち《天皇》から授かったものを、秩序正しく運用するリーダーが備えるべき正義が、中世の武士道で完成した。

それが日本という国（組織）の《和》であり、人と人との《絆→きずな→ボンド》である。絆は、空からの日本人再生・再建の精神的正義である。

誰も予想しなかった想定外、未曾有の事件の結果、《なゐ→無→空》がまた発生した。トップリーダーの首相は、県知事・市長・町村長を指揮して、天からの授かり物の再生を、懸命に心掛けねばならない。それが、出来ていないのが悲しい限りだ。

勘違いしていないか、発電所も魔物に襲われたのだ

さて、原子力発電所についてはどうか。

全ては、《ツナミ→なゐ》の、しかも想定外・未曾有の巨大な自然の猛威で、前述の通り多大な人命が失われ、家屋敷も消失したことを見れば、仮に同様に福島第一原子力発電所が無くなってしまっていても、誰も文句は言えないのではないか。勘違いされては困る。発電所も、あの同じ魔物に襲われたのだ。

後で判ったことだが、ツナミという魔物の衝撃で、地震被害の点検をしていた二名の東電社員も命を落としていた。

しかも、この原子力発電所は、四十数年も前に本当は電力の供給を義務付けられている東京電力の管内に造らなければならなかったのだ。ところが、みんなが電気は要るが放射能の危険性がある原子力発電所は管内に造ってもらっては困ると言って造らせてくれなかった。このため止むを得ず、供給地域の外に建設せざるを得なかったのだ。東京電力は、もっと安全な所に建設したかったが、当時の状況ではここしか無かった。

しかし、電力会社とメーカーは、この四十年間に数多くの技術的課題等を克服して、災害列島にも耐え得る日本型原子力発電所を育てて行った。十数万点にも及ぶ部品の組み立てを駆使する原子力技術が殆んど完成の域に達していると言って良いだろう。後ほど述べるが、オイル・ショック後の経団連会長だった土光敏夫が中曽根大臣や鈴木東京都知事に原子力の話をした頃とは全くレベルの違う高品質な原子力発電所になっている。

このため、今回放射能漏れは在ったが、幸甚にもあの巨大なツナミに耐えて《なゐ↓無↓空》ではなく、自然の驚異に対し、福島第一原子力発電所はどうにか耐えた。わが国の中枢機能の首都圏、約三千万人以上が使う電力の基が残ったのだ。

日本の誇る技術を結集して、地球環境対策解決の主要手段にしようとする原子力発電所の一つが、《無》に成ったのではなく残ったのだから、その原子力を今回の新たな、そして貴重な知見を生かして一層優れた人類に役に立つ、立派な原子力発電所を、日本人の優れた技術力とマネジメント力を生かし、創り上げていく必要がある。

海水を大量に被った発電所は、再生出来ないかも知れない。その廃炉のことだけが、未だきちんとした検証も無いのに、先走ってそこだけが早々に出て来るのはいかがなものか。

国が法律の規定に基づき綿密に審査し検査も行って、立派に許可した国家指導の基に建設された発電所である。何の落ち度も無い設備だ。よって、原子力発電所も、想定外のツナミの被害者である。多くの被災者と被災した工場や事務所や家屋と同じく、間違いなく被災者であることを忘れないでほしい。建設して以来、四十年間以上もみんなの立派な仲間であることを忘れないで欲しい。しかしその電気は、都会の人達のためのもので、地元では使わないのに何故われわれが面倒を見なくてはならないのだ、という意見が在る。それは、上述のとおり、首都圏の中では何処も造らせてくれなかったからだが、それは判った上で、それこそ首相が言う地方と都会との《絆》の精神で、長年電気を送ってきた。

しかし放射能には参る。今、その除去に取り組むことが、最も重要なことだ。政府も事業者も必死に取り組んで欲しい。

地元の人達が、何で突然苦労しなければならないのか、東電は何をしているのだと怒りたくも成るのは判る。しかし、半世紀以上も前の先人の苦労も分からず、叱責する気持ちだけが全てになったら、《なゐ》からの《絆》は永遠に生まれない。

今度こそ、地震・ツナミの来ない場所で再生するための、天が新たに与えた試練の贈り物と考え、新たな研究検討材料にしなければ、点検中にツナミに襲われた東電の若く尊い犠牲者も報われない。


何故、安全な場所に原子力発電所を造ろうと言わないのか

現在もまたこれからも、「電気電力漬け」になるはずの日本である。資源が無く、そしてCO2対策のためにも原子力発電所は必要である。政府も産業界も電力会社と一緒になって、今後の大型輸出は原子力発電が主力だと主張してきた。それなら、首相は大地震・巨大ツナミが必ず来るような場所でなく、もっと安全安心な場所に、立派な原子力発電所を造ろうと、何故体を張って主張しないのか。東京電力の電力供給地域でも無い場所に発電所を造るのではなく、関東地域に原子力発電所を造ろうと何故主張し、提示しないのか。本当は、首相が言うべきだが、それが無理なら自ら作った復興構想会議の五百旗頭議長に頼んで、そういう議論をしてもらうべきではないか。

もし、議論の上でどうしても首都圏では原子力発電所は簡単に造れないというなら、首都圏の電力供給全体を縮小するため、むしろ根本に戻って「大き過ぎる東京」を今後どうするかを検討すべきではないか。それは、結局首都機能を分散するという、それこそ日本の新しい列島改造構想そのものにつながる話であろう。

首相から東電にお見舞いの言葉はあったか

首相は、発電所や東電本店に飛び込んだ時、未曾有の巨大ツナミに襲われた原子力発電所という、首都圏に送る電気を生産する工場を、懸命に守ろうとする経営幹部や従業員に対し、最初に「お見舞い申し上げます、ご苦労さん、大変だが頑張って」、と言うぐらいの労いはしたのだろうか。

原子力発電所という工場も、隣の工場などと同じ被災者なのだ。仮にも勘違いして、怒鳴り付けたりしたのではないだろうね。

ここは、日本国民全員がじっと我慢して、東電の人たちの必死の回復作業を応援しようではないか。そして、未曾有の災害の時こそ、こぞって試練に立ち向かう日本人の絆と正義の和を、世界に示してやろうではないか。

放射能の影響は多くの死傷者を出したチェリノブイリとは全く違う。死者も怪我人殆ど居ない。安心せよ……とトップリーダーの首相は、何故言えないのか。首相は戦術的に、日本国内の民意に不快感を与えるのではないか、ということだけで全てを判断しているのだろうか。

しかし世界の人達には、日本国内の心理的影響ということなど関係ないだろう。そうした、大きな戦略的思考が無いのが悲しい。

世界の政治が、福島原発事故で原子力忌避に変わる発言をし出している。

どうして、日本のトップリーダーは、未曾有のツナミという特殊要因と言わないのか。スリーマイルもチェリノブイリも、自然災害による事故ではない。それこそ、運転ミスという企業災害で在る。一般的な事業ミスとは、全く違うということを、明言すべきだ。

（注）この事故について、経済産業省原子力安全・保安院は、四月十二日、国際原子力事象評価尺度（ＩＮＥＳ）の暫定評価を、三月十八日発表の「レベル５」から「レベル７」に引き上げると発表した。これについて、産経新聞だけは、四月十三日の朝刊一面に、事故原因がチェルノブイリとは全く異なり福島は自然災害、チェルノブイリは実験中の原子炉暴走と明確に区分。また放射能の放出量も「チェルノブイリの一割」、人的被害も片や二十九人（被曝死亡）約九千人死亡（がん）。福島は死者ゼロと明記している。

国を守ろうとする言葉が無い

はっきり言わないことが、世界的な人類の損失要因にも成りかねない。

過去の歴史や先人達の苦労苦心も判ろうとせず、またすでに三週間が経ったのに自らの《こうする》という基本的方策を出さず、ただこれから周知を集め、識者の意見を聴いて、それを基に具体策を立てるという。遂に、参議院議長までが、トップリーダーとしての首相の資格無しと言い出した。

みんなが、首相の行動に唖然としているのだ。


これはもう、国民を鼓舞すべき、リーダーシップの示し方さえ見失っているとしか言いようがないと、みんなが見ている証拠ではないのか。


最大の問題は、総理とその周りに居る現政権の指導者たちや政治家たちが、仮にも何十年も世界に誇る電力の供給を果たしてきた、東京電力という民間企業を信頼していないとしか言いようのない行動を、3・11の事件発生以来取ってきていることだ。

出来るだけ早急に、日本人はもちろん世界の国々が、安心し信頼出来る真のリーダーを選んで貰いたいと思う。じっと耐えながら泰然自若して、総理とそして各政党のトップは国民に向かって、「慌てたら、全員奈落の底に没落する。賢い国民よ落ち着いて行動しなさい」と是非言い続けて貰いたい。

そういうことを期待できる日本に、早くなりたい。

オイル・ショックで国民が要望→脱石油・原子力推進

経験した者しか判らないから、ついでだが三十三年前の回顧を、述べよう。

土光敏夫が「平岩さん、これは日本国民からのお願いです。そう思って是非、原子力発電所の建設を進めてください。反対する者も中には居る。だが、日本は民主主義の国だ。大多数が、原子力を造ってくれと言っている」と述べた。

オイル・ショックから五年目の、昭和五十三年（一九七八）五月下旬のことだ。その頃日本では、このままでは電力不足になる。同時に、高騰する石油価格の煽りで、電気料金がどんどん高くなっている。それを逆に、料金値下げしなければ国民生活を圧迫し、中小企業が倒産する事態が起きつつあった。

よって、当時石油価格の十分の一以下と言われた、ウラン燃料を使う原子力発電所の増設こそは日本国の緊急の課題であった。ごく少数の特定政党以外は、土光経団連の積極姿勢に大いに期待したのだった。

言ってみれば、国民の殆どが原子力発電の応援団だった。

このため、当時東京電力の社長に成って三年目の平岩外四が、会長の土光敏夫から経団連副会長になってくれと要請され、就任したばかりの時だ。場所は丸の内経団連会館の会長室。平岩の経団連副会長職が承認されたトップ会合が終わった直後、その平岩だけを会長室に呼び込んだ時の、土光の第一声が先ほどの発言である。

そこに同席したのは、当時経団連事務総長の花村仁八郎、経団連調査役の藤原勝博と土光の秘書官居林次雄それと私の五名。私は当時東京電力の営業部副部長で、平岩がこれから行う経団連での業務の補佐全てを命じられていた。

さらに土光は「この間、総理の福田さんや大平さんそれに中曽根さんにも話した。電気が足りなくなったら、先ず国民が困る。それに、産業界も石油価格がこれ以上ますます上昇するようだと、コスト高でエネルギー資源の無い日本は外国と競争出来無い。《脱石油》で、むしろ電気料金は下げねばならない。日本には優れた技術力が在る。それを、原子力発電に活かす必要が在る」と力説した。

「判りました。だがなかなか、発電所を造らせて貰える場所がありません。一生懸命遣りますが……」

平岩の言葉に、花村が応じた。

「電気を使うのは、首都圏の住民が中心だから東京都内に原子力発電所をつくらせて呉れないじゃろか。どうですか、そげな話は無理かな」


九州弁丸出しで、そう述べた花村を土光が一喝した。

「それが出来るくらいなら、苦労はせんよ。東京都民は、電気は欲しいが放射能が怖いという。都知事に、身勝手すぎると言って置いた。地震も起きないような安全な場所に原子力発電所を造れば、全く心配要らないのにだ。そう言って君が、都知事の鈴木さんを説得出来るのかね」

花村が、それはとても叶わぬと思ったのか、得意の鼻髭を触りながら済みませんという顔をした。

「だから、わざわざ副会長をこの方にお願いしたんだ。みんなで応援し、政府や行政も全て動員して、平岩さんを支援して頑張って貰うしかない。それにもう一つ、僕はこれから、大平さんや中曽根さんに頼まれて国鉄の民営化を検討せにゃーならん。そのお手本が、元々創業の時から民間企業の電力会社だ。これも是非、平岩さんに教えて貰わねばならない」
そう土光は述べて、改めて平岩外四に頭を下げた。

今回未曾有の大災害とツナミに見舞われた、福島第一原子力発電所をはじめ全国の原子力発電所は、こうして地元の理解と協力を得ながら、営々とした長年の努力の上に日立、東芝、三菱重工をはじめ土光の経団連はもちろん全産業界の協力を得て、正に国民全体の期待を背負って建設されていった。

ちなみに、福島第一原子力発電所二号機（七十八万四千KW）は、オイル・ショックの翌年、昭和四九年（一九七四）七月運転を開始した。
土光が平岩に「国民の要望だ」と言って、《脱石油、原発推進》を要請した昭和五三年（一九七八）以来、僅か七年の間に、東京電力だけでも福島に第一・第二、それに新潟の柏崎刈羽一号機を含め、合計八ユニット六百七十五万二千KWの新鋭原子力発電所を完成させている。平岩たち電力とメーカーの必死の努力の賜物である。こうして電気料金は、その後数回に亘って四割以上値下げされた。しかし、残念ながら先ほども触れたように、これらの全ての原子力発電所は、自らの供給地域には造らせてもらえなかった。正に、土光が言ったように大量に電気電力を使う首都圏の民意がそうさせたのである。

未だ四十代だった私は、それから長年土光と平岩に、時には殆ど付きっ切りで寝食を忘れ、家庭も犠牲にして裏方の仕事に徹してきた。

今回の災害の影響状況は巨大であり、余りにも大きい。現在の東京電力トップが述べる通り、誠に全国民に申し訳ないの一言に尽きる。

だが是非冷静に考えて頂ければ、この災害発生の直前まで世界に誇るわが国の原子力発電技術を国を挙げて、海外諸国に輸出促進をしたいと言っていたのではないか。

前任の鳩山が国連総会で、日本が地球温暖化対策に貢献するため、ＣＯ２を二五％削減する柱に、十年後には新たに九基の原子力発電所を新設し日本を世界一の原発大国にすると、世界に約束したのではなかったか。

首相以下当局の幹部に、もっと泰然自若し軸足を外すなと述べたい。日本が原子力発電に賭けるという、この流れを簡単に止めたり逆転したりしてよいはずはない。

電気事業は生まれた時から私企業民営会社

また電気は文明の宝であり、かって作家の曾野綾子も述べていた通り、民主主義は電気と共にある。さらにいえば、わが国の電力事業は明治初期に創業して以来、(軍国主義の下に国家管理になった以外)私企業体制を侵されたことはない。

そこに、わが国の民主主義と自由主義下の、文明文化国家日本の誇りがあると思っている。しかもいまや電気の無い社会生活と企業経営は成り立たない。

折角ここまで育てた東洋の国、日本の宝をみんなで日本国民みんなで、盛り立ててもらえないだろうか。冷静沈着に、考えて貰えないだろうか。

私は今、元東大総長の小宮山宏と一緒に、経営者と学者の協力を得て、「2050技術・マネジメント、知の育成研究会(略称《TM研究会》)」を設けた。その場で物事の本質をゼロから議論する。

一般知識人を教育すると同時に専門家を育て、さらに国家の本当のリーダーを産み出すのが永遠の目的だ。

小宮山は特に原子力について言えば、『原子力基礎、原子炉、気圏、水圏、土壌移動論、植物関連などの生態系、健康影響、経済、国際関係などからなる巨大システムである』が、そういう全体像の理解が出来るシステムが必要だと言う。

私も全く賛成だし、このことは他のあらゆる分野に求められることだと思う。技術を過信してはいけない。また、一つの分野だけが完璧でも、物事は総合的に判断すべきだ。そうした、判断能力を養う必要がある。

その上で的確な情報を基にしっかりした沈着な政策判断が出来る、人材の育成が最も重要だと考えている。

不可抗力天災事故補償を何故東電に押し付けるのか

M9・0の巨大地震は、ヒロシマ原爆のエネルギーの三万発以上に当たると言われる。ツナミは、そのエネルギーが引き起こしたものだ。

魔物のように押し寄せてくるツナミに、日本が誇る原子力発電所は耐え抜いた事実を忘れないで貰いたい。チェルノブイリのような運転ミスで原子炉が爆発し、多数の死傷者が出たような企業過失事件とは全く異なる。放射能が漏れたことは残念だ。しかし、政治家が、原子力推進を訴えての選挙はタブーと言うのは、「原爆・放射能」反対という国民の拒否反応が在るためだろうが、既に六十六年も経った今日の日本国の成り立ちと現実とを、国を引っ張るリーダーである政治家の価値観が、旧態依然としていて良いはずはない。日本の政治家は、この半世紀以上の歳月の中で、急変しつつある世界情勢をしっかりと踏まえて、新たな価値判断を身に付けるべきである。

本文で明確に説明するが、政治を志す人たちが原子力推進を述べると当選出来ないというような状況を放置したままでは、日本国も日本国民も世界の中でもはや生き残れないことを明確に認識すべきだ。国内で原子力推進を堂々と言えない国から、安心してその商品を買うわけがないからだ。

首相以下の放射能に対する過剰反応が、益々風評被害をまき散らしている。首相の「原発周辺は十年や二十年は住めない」というような発言には驚く。遂に海外からの観光客が、半分以下に激減しているという。

こうした状況にも拘らず、何故東電だけに被害補償を求めるのか。前述の通り福島原子力発電所は、首都圏民のためにどうしても必要な電力を供給する重要な設備（電力の生産工場）として造ったものだ。それが、天災不可抗力の事故で停止した。その風評被害を含め放射能の被害を、何故あわてて東電に求めるのか。もっとしっかり検証すべきではないか。序に言えば、日本の周りには、空と海とに放射能だけでなく種々の汚染が広まっている事実を、日本国民は直視すべきだ。こうした面の影響も、この際是非究明してもらいたい。それが明確になるまでは、避難指示や出荷禁止を命じた政府が全ての補償に対応していくべきではないか。

全くエネルギー資源の無い日本が、これからは欧米だけでなくむしろ、中国をはじめ新興国諸国とも闘かい協働し協調していかねばならない時、今まで積み上げて来た技術立国日本人の、決してめげない賢く粘り強い姿こそが、国難を切り拓くことに繋がるものと思う。そういうことを、急いで取り上げてみた。

なお、文中の登場人物の敬称は、省略させて頂くことをご了承戴きたい。

二〇一一年五月吉日

著者

第一章

日本が突如危機に陥ったのは何故か

【1】泰然自若を欠いた、トップリーダーの初動ミス

この春日本人が、一瞬の間に身寄りや故郷、家屋財産や会社を失うという、痛ましい未曾有の大事件が発生した。被害者の方々へ、心からのご冥福とお見舞いを申し上げたい。

その上で述べたいことは、われわれ日本人がこれから余ほどしっかりと強く賢い行動をしないと、かってないほど大変な事態が降り懸かってくるように思う。

今現在、東日本大震災の地震とツナミ発生から三週間が過ぎたが、私が最も心配していたことが、すでに本当に起きているからだ。

世界が《日本が危ない》というのだ。要するに、日本人が信用できなくなったと言っている。それに、日本列島はとても危険なところだというのである。

その端緒は、一体何だったのか。

それは、これまでのニュースの流れをみて、明らかに、日本のトップリーダーである首相の初動の慌て振りと関係する。その戦略的思考の無さが、全てに影響している。

すなわち、三月十一日の地震・ツナミで福島の原子力が停止し、冷却水のトラブルが発生した時、先ず何万人も亡くなり何十万人も《なゐ→無》になった被災者のことを放って、首相は原子力発電所に飛び込んだ。その挙動する画面と会話が、世界を瞬時に駆け巡る。

四日目の十五日、外壁が吹き飛ぶ爆発でびっくりした首相が、今度は電力会社本社に慌てふためいて乗り込み、怒鳴りつけながら統合本部を設置。自ら本部長すなわち司令官となって半径二十～三十キロメートルの住民に屋内待避を指示した。一方官房長官は、発電所の放射線量は人体に影響を及ぼす範囲とも述べた。

こうしたニュースは、外国人には直ぐ核物質や放射能ということが頭をよぎる。本国と連携して、外交官など外国人が、日本は危険だと一斉に帰国し始めた。日本に来ていた、観光客やビジネスマンも同じである。

世の中の流れは、今や果てしなく風評被害の拡大となって、日本の弱点に迫り、喉元に突き刺さって来ている。

この四月一日から元米国大統領ジョージ・ブッシュの「私の履歴書」（日本経済新聞）が始まった。二〇〇一・九・一一の日の出来事の瞬間に彼が何を考えたかが書いてあった。「指導者たるもの、どのような危機に際しても泰然自若とすべし」テキサス州知事時代に学んだ、彼の軸足の一つであると語っている。

これは危機の時には、リーダーは私心を捨て自分の行動が与える影響を考え、しっかりした判断をすべしということである。私心が在ると、どうしても利己に拘り細かい《戦術》が、先走る。

日本の回りには、未だ終戦処理もしていない国が居る。情報を全く明かさない国、何時攻撃してくるかわからない国も居る。経済的にも、日本を追い越そうと狙っている国も、段々力が付いてきた多くの新興国が在る。そうした、諸外国に与える影響を考え、ブッシュの言葉のように泰然自若として、戦略的思考を重ねる必要が在る。こういう時こそ、それが望まれる。

日本の総理大臣にも、これが欲しかった。

【2】情報化国際社会の怖さ

話は戻る。

その日の内に、元々低かった日経平均株価が八二〇〇円と三割も一挙に低下。東京電力の株価は、一五〇〇円も下がり六〇〇円のストップ安となった。政治家の行動と言動が、国家の信用を一挙に損ねた重大な事例だ。その後、株価はさらに下落し、四〇〇円台になった。さらに下落し、二〇〇円台となり同社の上場以来の最安値に落ち込んだ。

そこで、海外のテレビニュースやインターネットを覗いて見た。その報道の仕方は、どういう具合か知りたくなったからだ。

一言でいうと、「日本という国では放射能が蔓延しはじめた。このため全国の原子力発電所は、発電を控えている」ということだ。

それに、もう一つ。超高齢化の日本は、医療介護の負担が増え続け、国内の産業が落ち込み失業が増大。そのマイナスを大幅な国家財政の赤字で賄っているが、今回の巨大地震のダメージでさらに赤字が膨らむとも述べている。

遂に、ムーディズが日本の信用力を中位以下に落としたという、一カ月前のニュースを一緒に取り上げている。そして、ごく最近さらに東電の信用力を、中位以下に下げたと発表した。

日本の本当の実態は、海外メディアには分からない。

彼らの判断材料は、日本政府やNHKなどの報道機関が発する《生の情報》である。特に、日本のトップ指導者の首相が、慌てて駆け付けた原子力発電のツナミ事故も、同じく未曾有の災害であるという特殊事情を忘れて、恰も電力会社の運転操作ミスを指摘し怒鳴りつけるような印象で、外国には伝わってしまった。このため、原子力発電所の事故の報道が、一層東京電力の経営全般が良くないという印象になってしまった。正に、週刊雑誌やスポーツ新聞のニュース記事と同じだ。要するに、《東電》を悪者にして、劇場的な騒ぎで発信されていくのである。

特に問題なのは、記者とかキャスターと称する人たちが、専門家が影響は無い範囲で問題は起こり得ないと言っているのにも拘わらず、「でも用心した方がよいですよね」などという《追い打ち発言》である。

こうして大地震とツナミ被害のニュースは、即座に主要海外諸国への報道のメインテーマとなった。

上述の首相の指示や官房長官の発言の他にも、例えば東京都の水道水に放射能濃度の高い値が出たとの報道。それに反応して、コンビニの飲料水を買い漁る市民の群れが、世界中のニュースに流れている。

他方、福島第一原子力発電所から立ち登る黒煙や、自衛隊や消防による放水状況。先ほどの同発電所から三十キロメートル圏までの全住民の避難勧告や、首相命令という野菜の出荷停止。さらに市長や市民の、遠く離れた九州電力管内での原子力発電所建設を凍結せよという要望等々。

それからさらに、福島原発の放水口に普段の十万倍濃度の高い放射能が、検出されたという報道が一層世論の高まりを示しているとして、これまたそのまま海外のメインニュースとなる。

天皇陛下も東京脱出という怪情報

最も私が驚いたのは、四月初め発行の『文芸春秋』五月特別号掲載の「天皇皇后両陛下の祈り（厄災から一週間）」と題する川島裕侍従長が書いた論文を拝読した時である。この論文の中で、両陛下が如何に人間としての慈愛に充ちた心と行動で震災後の一週間を過ごされていたか、計画停電も国民と一緒にやろうと言われ、実際にきびしく節電を実行されたという。また、どのように周りの人たちに気を遣われていたかを知り、「東北地方太平洋沖地震に関する天皇陛下のおことば」全文を同時に読んで感涙した。

その論文の中に、ひどい流言が伝えられていたという。間違ってはいけないので、その部分をそのまま書いておこう。

『ビデオは、午後四時半テレビ各局で一斉に放映された（中略）後になって「陛下は、放射能被曝を恐れて、密かに東京を脱出したという噂が流出されていたので、陛下がお元気に皇居におられることを確認出来、安心した」という反応が伝えられたと聞いて仰天した。陛下が、東京の人々を見捨てて、東京から出られるということなど、まったくあり得ないことであり、こうした事態における流言飛語の無責任さに憮然とした。（以下略）』

私が驚くのは、事故から一カ月を経た今も、わざとか勘違いかは判らないが、とんでもないニュースが発信されていることだ。例えば、四月十二日付のジャパンタイムの一面メインニュース（AP、共同通信）は、「未だに三千名以上の死者が行方不明であるが、ツナミで被害を受けた原子力発電所から放射される放射能があり、同時に十五万人の人達がシェルターの中で生活している。これは、かつての戦争の時以来の最悪の事態だ。」（著者意訳）こうした記事が世界中に出回っている。

遂には「東京電力の対応の遅れ」というマスメディアが創ったキャッチフレーズに先行し、「放射能漏れは全て東電の責任」ということになってしまう。

これだけ、次々に日本国内からのマイナスのニュースが出回われば、確かに日本は本当に危ないと想うだろう。一度与えた不信用すなわち負のイメージを消すのは容易でない。しかし、何とかしなければ、日本は本当に駄目になりかねない。多くの常識を持った人達は、そう思っているに違いない。

【3】三つの日本人の基本的軸足

私は、ちょうど八十になったが、今でも毎週殆ど福岡の地元と東京を往復して生活している。

少なくとも、年間百回以上飛行機に乗る。都心のホテルにこれまた百日以上泊まる。無茶くちゃ車に乗ったり、都心を歩き回る。このため、何時何処で大災害などに巻き込まれるか判らないし、何時草臥れてあの世に入ってもおかしくない年令だ。

それに、個人的クライシスも持っている。今まで四十代に二回、五十代と六十代に各一回づつ、暴飲暴食・過労・ストレスで、心筋梗塞・大量出血などを患い、三途の川を渡りあの世に行き掛けた。多分数時間後だろうが、最初に耳が次いで目が開き徐々に意識が戻り、闇夜からこの世に帰還した経験を持っている。

だから、今のうちに是非私の住む日本が二十一世紀に生き残る智恵は、コレしか無いということを、書き残しておこうと思った。

結論を述べれば、日本人の長い歴史の経験を省りみると、どんな災害や国難の折りも、私共の先輩達はしっかりした智恵を出して、それらを乗り越えてきた。それが、われわれ日本人ということだ。

その基本的軸足は、次の三点であると信じている。
第一は、日本人の強い家族的な絆
第二は、活力を産む人格拝受という和の精神
第三は、風土／国土を守ろうとする構想力と気概
この三つが、この国を守り栄えさせてきたと私は思う。

このような基本を踏まえて、さらにグローバルに外からの良いものはどんどん取り入れ、《日本のモノ》に浄化し上手に活かしてきた。正に、驚くほど強く賢い日本人だったから、世界に秀でた国になれたと思う。

匠の技術も、そこで活かされてきた。

ところが、現在のわが国のリーダー達もそしてそれを支える国民も、全体が老齢化したように、痛みが激しく部分的応急の修繕をしてもなかなか治らない。それは、こうした日本を支える三つの基本が抜け落ちてしまっているからだ。

同時に、成熟化した日本は他に見習うものがなく、自ずから工夫するしかないからだ。

【4】今必要な真のリーダーと若者の教育

この本は、以上の三点を中心に私の個人的経験を踏まえて、日本人がこれからの世界に伍していくために必要な条件を、明確に示してみたいと思って緊急に書いたものである。

特に政治家はもちろんだが、日本人みんなが是非考えて賢い行動をして貰いたいのは、突然起きる人為的な事件や自然の災害の際においてである。なぜなら間違い無く、ＩＴとグローバリゼーションが益々進む世の中では、日本のリーダーたちの慌てふためいたような発言や対応の仕方が、そのまま日本という国のマイナス評価に繋がりダメージになる。

そういう国家的な外交戦略戦術を、真剣に考えて行動しないと、とんでもない日本の評価になってしまうからだ。今回の、わが国トップリーダーたちの初動には、強く賢くという言葉を冠せることは出来無い。

私の説明の仕方は、十分かどうかは判らない。だが、少なくともそうした戦略的必要性を再認識して進まなければ、段々大きく強くなる周りの国々にさえ、早々に蹴落とされかねない。

批判だけしても始まらないが、今のわが国に求められているものは何かといえば、それは先ず幾つかの速戦的なしっかりした対抗策である。

一つは、各界のリーダーが上記の基本的軸足を是非政策手段の中に織り込み、強く賢い政治や経営に徹して貰いたいこと。

二つは、若者の教育にこうした基本的課題を取り入れ、国家と国民を守る活力を蓄えて貰いたいこと。

国難といわれる時こそ、是非このことを実行して頂きたいと考える。

では私共も、ここは泰然自若して、先ずは自分の国の成り立ちと歴史から、しっかり思い起こしてみようではないか。

今回、首相の要請で復興構想会議が出来て、議長に旧知の五百旗頭真防衛大学校校長が就任したという。ならば、五百旗頭議長には、是非こうした基本的リーダーシップ論をまとめてもらいたい。

それにしてもメンバーに企業経営者の数が少ない。学者や芸術家や被災地の地方行政の長などだけでは、モニュメント的なものや災害防衛的構造物は創れても、本当の未来志向の青写真が描けるのだろうか。グローバルな世界と真剣に毎日闘っている経営者が、少なくとも全メンバーの三分の一ぐらい居なければ、世界やアジアと真に競争出来る戦略的構想を踏まえたものは創れないのではないだろうか。老婆心ながらそう思う。

【この章のまとめ】

この最初の章は、21世紀初頭において日本が、今、最大の試練の時を迎えていること。そのためには、是非ともその国難に耐えうる真のリーダーを早々に選び、世界に向け堂々とした姿勢を示し、日本人に生きがいを与えて貫いたいということを述べたものである。

一言でいえば、国難の時の真のリーダーは、是非とも《大きな戦略的思考と緻密な戦術的政策》の双方を持って、リーダーシップを発揮して貫いたい。そういうことを述べた。

残念ながら、今回の災害に当たってのトップリーダーと回りの動きには、大きな国難を背負って、これからの世界の荒波に立ち向かおうとする気概が無く、ただ一方的に自分と自分たちの身を、如何に守ろうかとする戦術的政略のみが先行したとしか考えられない。

【この章のまとめ】

昨年すなわち、二〇一〇年は日本経済は、政権与党の民主党が参議院選挙で大敗しネジレ国会となり、社会保障制度や税制の見直し、さらには政治とカネの問題をめぐり国会審議が進まず混乱が続いた。三月十一日の新聞も、菅首相への外国人政治献金問題でゆれていた。

また、原油価格高騰と円高の急伸で、企業の海外移転で国内需要が低迷。一方国・行政・企業も一緒になって日本の優秀な原子力発電技術を、輸出するというキャンペーンなども始まり、二〇一一年は漸く経済外交の糸口も見え始めていた。

ところが、モロッコ・イエメン・エジプトなどで、突如反政府デモが始まり、みるみるうちにさらにアルジェリアやリビアなどにも飛び火し、遂にリビアのカダフィ政権下では激しい戦闘に発展。石油価格がバーレル当たり百十ドルにも値上がりし、円が八十円まで上昇した。

こうした状況下、経済の立て直しはこれからという時に、突然三月十一日三陸沖の四百キロメートルにも及ぶ海溝プレートの変動が原因のM（マグニチュード）9という、未曾有の地震と十五メートル以上にも及ぶ悪魔のようなツナミが発生し、一瞬にして日本の社会経済に大打撃が発生した。

ついでだが、菅首相以下現政権の、政治とカネの問題も、メインニュースから吹っ飛んだ。

現在は、ITとグローバリゼーションの世の中である

ところで、地球環境問題は、今や人類最大の課題であり、世界中が自然の災害に敏感に反応する時代である。超巨大地震とツナミの報道は、いち早く地球上を駆け巡った。

そのようなニュースの、日本からの発信に政府は無防備だったのではないか。敢えて言えば、こうした国難の発生時に当たって、首相も官邸も「内と外」の双方の対応の重要性を考えていなかったのではないか。

内すなわち「災害対策→救済戦術」ということと、外すなわち「国家的対策→防衛戦略」を、同時に考えるべきである。

ところが、この外に対する国家的な対策が無かった。

そうとしか言いようがない。何故か。

日本の回りには、いろいろな国が在ることを忘れていたのではないか、と思えるからだ。

【この章のまとめ】

全く情報が判らず何時攻めてくるか判らない不気味な国、六十六年経っても未だ終戦処理がなされていない国、情報を制限し民主主義が理解されない国、経済的にも日本を追い越そうと狙っている国、益々東洋の覇権者になろうとしている国等沢山の国がある。

いわば、日本のトップの発言や行動は、世界中から終始監視されている。

ひょっとすると或る国には、なるほどあそこを叩き放射能さえまき散らせば、日本国民は怯えて戦闘能力さえ出せないと、これからの対策の重要手段を相手に与えたかも知れない。

このことだけでも、大変なことだ。

同盟国のアメリカは逆に、戦略的防衛の手段を得たかも知れない。

しかし、そんなことは、対外的戦略も全く考え無いような日本政府には教えないだろう。

いずれにしても、是非とも最後に述べるが、賢く強い日本人に私どもみんながなるように、今回の経験を生かさねば意味が無い。

第二章

日本の歴史を見据えてみよう

一億二千七百万人の日本人は、一体この日本という国をどういう国だと思っているのだろうか。考えて見ると、一人として全く同じ人間は居ないのだから、考え方も同じではない。

同じではないが、みんなで国を守らなければ、そして発展させなければ全員が困る。そのためには、この国のことをみんなで先ず確かめ、その上でどうすれば守れるか、発展させられるかを考える必要がある。

さらに、今回の大震災とツナミの被災者や放射能の影響による被害について、誰がどのような手段で、それを償っていくかが三週間を過ぎた時点で、すでに具体的に議論され出した。

しかしこれは、今回の事件の特徴や性質と同時に、日本国の国づくりの歴史的な在り方とを、十二分に承知した上で考えて見なければ、将来の日本に禍根を残し、それこそ日本人の正義感に基づく絆を壊してしまうことになりかねない。

また「はしがき」でも少し触れたが、放射能汚染はツナミによる不可抗力的な天災が原因であるにも拘らず、全ては東電の事故処理の対応ミスと決め付けて、国として対処すべき問題と責任を、企業責任に転嫁しようとする方向性や感情的な見解には、大いに問題がある。

そういう意味で、この章は第一章で述べた戦術戦略的思考の前提としても、極めて重要である。

【1】日本とはどういう国か

太陽系の中に在る地球と、地球の中に在る日本という国が誕生して四十六億年ぐらい経っているそうだ。それに、未だあと四十億年ぐらいは、地球は存在すると科学者が計算している。

日本という国は、その地球にどうやって生まれたのか。すでに専門家が調査研究してくれている。それをぐっと纏めて、紹介することから始めようと思う。

そういっても、目的は単なる歴史の勉強ではない。

それはあくまで、日本の国益を守るという目標を見据えての話であるから、自然との関係および地政学的な観点から「どういう国か」ということを、突き詰めて見ることになる。
私は、ここで分かり易く次の三点を取り上げてみた。
第一に、日本という国の自然との闘いの歴史
第二に地政学的なアジアとの関係
第三に西欧諸国との関係
この三点を中心に、日本がどのように対応し、またそれぞれの課題をどのようにこなしてきたかについて説明すれば、概ねこの国はどういう国なのかみんなに判って貰えると考えた。
一言でいえば、日本人はどんな《国造り》をしてきたかということである。

《1》自然との闘いと共生

(1) 地震・雷（台風）・火事・オヤジ

以前NHKの科学担当記者で、旧知の伊藤和明が纏めた「地震と噴火の日本史」（岩波

新書）という本がある。それと、吉田孝という人が書いた「日本の誕生」（同じく岩波新書）とを読んでみると、この国に住み着いたわれわれの祖先が如何に自然の驚異の中で、よくも生き延びこの国を創り上げたかが偲ばれる。

それは正に、自然の驚異との闘いの一語に尽きる。それを、さらに日本人の性格や過ごし方の特性は何か、どういう思想が生まれたのかを纏めたのが、有名な和辻哲郎の「風土」という本である。「風土」については、後ほど触れる。

先ずは、伊藤の著書を紐解くと、凄いことが書いてある。

そこには、日本人は幸福と地獄が、常に隣り合わせになっていることが明確に述べてあった。

日本列島という美しい島国の、その《美しさ》は、地震と火山噴火、それにツナミという何百万年、何千万年にも亘る執拗な繰り返しの遺物であるというのである。要するに、この国に生まれ育った人間は、煮え滾る地球のマグマの上で、怯えながら生きていく運命を背負っているということになる。

吉田孝の「日本の誕生」に出てくる古事記や日本書紀という、正統な日本人の歴史書に最初に出てくる地震の記録は、推古天皇七年四月二十七日（西暦五九九）に起きた大和の国の大地震である。これは、「大きな被害が在った」とだけしか記録されていないので、規模は判らない。

日本書紀に記録されているという日本で最初の巨大地震は、それから約九十年後の天武天皇十三年十月十四日（六八四）に発生した「白鳳大地震」と称されるものである。もちろん、「白鳳」とは後で学者名付けたものだ。これは、今回の東北関東大地震と同じプレートのズレによって起きる「海溝型地震」であった。場所は、四国の土佐の沖合であるから、フィリッピンプレートとユーラシアプレートが引き起こす南海大地震である。

多分M8ないしM9規模の巨大地震だったようであり、被害の模様を抜き書きすると次の通りだ。

＊男女叫び、阿鼻叫喚
＊山崩れ、河涌く
＊官舎、百姓の倉、寺塔神社潰れ跡形なし
＊人民、六畜多数死傷
＊伊予湯泉壊滅

＊土佐田畑五十余万（十二《キロメートル》）没して海と成る

最近の調査で、これは約千二百五十年後に起きた、終戦直後の昭和二十一年（一九四六）十二月二十一日の南海トラフ大地震と概ね同規模のものだったと伊藤の本に書いてある。この時も、土佐湾が一・二《メートル》程沈み、最大六《メートル》のツナミが押し寄せていた。同時に、この南海大地震は、上記の白鳳大地震から数えて、過去十二回すなわち、概ね百年に一回の割合で確実に発生しているというのだ。

(2) 元禄の繁栄を終焉させた相模トラフ《海溝型》大地震

また南海トラフ巨大地震の直ぐ東側で発生する相模トラフ大地震も、日本の歴史を変える程の影響を及ぼしている。この地震は、南海地震のように百年置きというのではなく、纏めて数年間に《大揺れ》が頻発するから怖い。

先ず取り上げられるのは、江戸中期の元禄末期から宝栄期に続けて起きたもの。いずれもM8以上の巨大地震で、忠臣蔵の刃傷事件が発生した次の年元禄十六年（一七〇三）に、静岡から関東の千葉に至る広範囲に多大の被害が出る。

遂に幕府は、宝永と元号を変えたが、四年後の宝永四年（一七〇七）に今度は死者五万人ともいわれる同程度以上の巨大地震が発生し、同時に富士山の爆発噴火がそれに輪を掛けて大被害をもたらした。それから二一六年後に発生したのが、関東トラフ《海溝型》の大正十二年（一九二三）九月一日、関東大震災である。

（3）ツナミ多発地帯の東北三陸沖巨大地震

今回のＭ９という超巨大地震は、従来の記録の想定外だったという。しかし、過去の記録を見ると、兎に角歴史的な経験からは、この巨大地震もいわゆる太平洋プレートと北米プレートの重なり、そこに日本海溝という深さ八千メートルという恐ろしいひずみが在るのだが、そのひずみが一挙にズレる時に起きる海溝型巨大地震である。

しかし、今回は今までのものよりも、途轍もなく大きいズレだった。すなわち長さ四百～五百キロメートル、幅百キロメートルという信じられない程の岩盤のズレが、一挙に発生したため、地震も大きかったが、同時に巨大なツナミを引き起こし未曾有の被害をもたらした。ツナミの高さは、十五メートルどころか二十メートルを超えたところもあるという。

しかし先ほどの伊藤の本から取った記録を、整理して見ただけでもこのように同じ場所での地震とツナミが多発している。こういう歴史を、忘れてはならない。

＊貞観十一年（八六九）Ｍ８・３《多賀城倒壊、死者一千人、大ツナミ来襲》
＊慶長十六年（一六一一）Ｍ不明《大ツナミ、死者千七百八十三人》
＊延宝五年（一六七七）Ｍ不明《ツナミで家屋流失、死者多数》
＊宝暦年十三（一七六三）Ｍ不明《ツナミで死者多数》
＊安政三年（一八五六）Ｍ不明《ツナミで家屋流失、死者多数》
＊明治二十九年（一八九六）Ｍ８・５《ツナミ、波高十四・六メートル、死者二万七千人、家屋流失一万六千戸》
＊昭和八年（一九三三）Ｍ８・１《ツナミ八メートル、死者三千六十四人、家屋流失四千戸》

前述したように、三十年以上前の国民と政府の必死の願いが、原子力発電所をこうした危険なツナミの場所に造らせて仕舞った。だから、知恵が及ばなかったと言えばそれまでだが、もっと国民みんなが地震・ツナミが押し寄せる場所でないところに、発電所の立地を提供して置くべきだったのではないか。そうした真摯な反省が、当面の怒りを抑えて子々孫々のために為されなければ、私共の努力は何だったかということになる。

（４）防潮堤と原子力発電所の悲劇

今回の未曾有の三陸沖巨大地震とツナミほど、多くの悲劇を生んだものは、他には見当たらない。

例示すればきりがないが、この本の目的に沿って二つの悲劇を取り上げておこう。

先ず、岩手県田老町の防潮堤の悲劇である。この町は、上記の明治二十九年（一八九六）に起きた巨大地震とツナミの経験を活かして、計画された高さ十メートル、総延長千三百五十メートルの防潮堤が昭和三年に計画された。この防潮堤建設には、総工費約二千億円が掛けられ、戦後になって完成した。そして、今日までこの町のシンボルと言われて来た。但し、この堤防が計画されたものの未だ完成していない折り、すなわちその五年後の昭和八年（一九三三）に起きたM８・１の地震とツナミで、多くの死者を出したので約三千戸が三十メートル以上の高台に移転した。

しかし、この時のツナミの高さが八メートルだったことから、先ほどの防潮堤の高さ十メートルという計画はそのままにして、シンボル堤防は完成したのだった。

テレビなどで見た方も多いと思うが、今回のツナミは十五メートル以上、場所によっては二十メートル以上にも達していたようで、この町のシンボルを軽々と乗り越え、八十年近くに亘って防潮堤防に守られて営々と築いてきた美しい町並みを、ツナミが一飲みにしてしまった。

もう一つの福島原子力発電所も、未曾有の地震とツナミに見舞われた。本体の原子炉はあれほどの、想定を遙かに超える大地震にも殆ど耐えた。だが、矢張り十四メートルを越すツナミに、冷却水供給用の付属発電機が水浸しになり故障した。こうして、停止している原子炉の後始末が、簡単に進まない状態である。

しかし、今現在も公益事業に携わる使命感を賭して、私共の後輩諸君は懸命に今回の未曾有の地震の被害がもたらした諸課題を検証しながら、全てを新しい技術革新とマネジメントの教訓にすべく、しっかりと邁進していると信じている。

ちなみに、原子力に気を取られて殆んど報道されていないので述べておくが、それは東京電力をはじめ関東から東北太平洋沿岸の火力発電所十四基千二百万ＫＷ（キロワット）以上が、正に超巨大なツナミで被害を受け殆ど全部停ったことだ。東京湾内の東扇島火力も停った。東京電力が計画停電に踏み切らざるを得なかったのは、原子力発電所だけでなく、そのKWよりも更に大きな火力発電所の天災不可抗力の事故が起こったためである。

（5）火山噴火と直下型地震

この他伊藤の本に出てくる、わが国の地震には火山のマグマ噴出に伴う被害と、直下型の地震発生がある。日本国内に無数に走る断層帯のズレによって発生するモノである。

例えば、今から六年前、二〇〇六年三月二十日の午前十一時前、私が住む福岡で突然M7の直下型地震が発生した。《警固《けご》》という断層のズレによるもので、博多湾に浮かぶ玄界島に、全島避難命令が出るほどの被害が発生した時である。

私事に纏わる話だが、私はその前日、両親の三十三回忌法要を久留米の菩提寺で行ったので、東京などから兄弟達が駆けつけて来てくれた。その日のお清め夕食の折り、福岡は地震災害の心配がないので羨ましいという話が出て、つい調子に乗って「先ず今後百年は大丈夫だろう」と、私は胸を張った。ところが全く偶然にも、その翌朝地震が発生したので、何とも言い訳も出来ずに、後でみんなから冷やかされたのを今でも覚えている。

このように、日本人が住む風土は、伊藤の表現通り地震災害は、日本列島の四季折々の自然の美しさの裏返しであり何時何処で発生してもおかしくない現象でさえある。自然の美的感覚を楽しむ日本人は、常に地震の恐怖というリスクを背負っているのである。

（6）台風と水害と火事

和辻哲郎の名著「風土」を読むと、日本列島が地球上に位置する地勢は、アジアモンスーン地帯に位置付けられており、季節風と赤道直下から遣ってくる低気圧が生む台風により、常に脅かされる運命にあることが実に良く述べられている。

詳しくは省略するが、少なくとも次のことだけは日本人の肌身に染みこんでいる事実だ。すなわち、毎年六月から七月上旬頃まで、日本列島に梅雨前線が停滞する。そして長雨の湿潔が、じめじめとした中で、突然台風が遣ってくる。時に風速六十メートル以上の暴風雨は、あらゆるものを吹き飛ばしていく。ついには火災を発生させ、全てを焼き尽くすこともある。

日本人は毎年こうした自然の驚異の中で、じっと耐えながら懸命に生きる糧を求めて凌いでいく。やがて、平和な夏から収穫の秋が訪れる。日本人は誰しも、それからさらに冬の寒い季節を経たあとに遣ってくる春を待ち焦がれる。待っていたのは、全てが芽吹き美しい桜花の季節だ。そうした四季折々の準備に、種々の節度を持った祭（政）りごとが伴う。その祭（政）りごとを人々は、それぞれの人格に応じて秩序正しく務めていく。そのための組織の和と絆の大切さを、しっかりとかみしめながら、自然の驚異と共生していくことが重要視される。《自然との共生》がなければ、日本人は生きていけない。私が住む福岡でも、七月の櫛田神社の博多祇園山笠や、九月の筥崎宮の放生会など、自然の掟と神事が結び付いている。それぞれ年間を通じた厳粛な祭（政）の伝統行事の中で、人々は組織の「和」と人間同士の「絆」を強める。

地震・雷（台風）・火事・オヤジの「オヤジ」とは、そうした組織の和を大切にするリーダーのことであると、私は解釈している。

日本そして日本人は、このように《自然と共生していく工夫》を、先祖代々またこれからも、子々孫々に亘ってしていかなければならないのである。

《2》アジアの国々との闘いと協働

次いで日本という国は、どういう国かという時に強調したいのは、アジア諸国との結び付きである。地図上で普段見慣れている日本の姿は、上方にアジア大陸があり、日本海を隔てて下方の太平洋との間に、日本列島が安定的に位置しているということである。ところが、この地図を上下にひっくり返して眺めると、非常にはっきりしてくるのはアジア大陸の直ぐ側に、日本列島が位置しているという実感である。

このように、日本は寧ろアジアの一部ということが明白なのである。これは当然のことだと思うのだが、それが《アジアとの結び付き》という点で、今更のように強調されるのは何故だろうか。

それは、何と言っても《日本がアジアの中で、唯一先進国》と言われてきたことに由来する。日本は、間違い無くアジアの一角に在る国だが、長い間に亘ってライバルとして競争してきたのは、或いは闘ってきたのはアジア諸国ではなかった。もちろん、主として経済的な市場競争ということだが、闘いの相手は欧米諸国だったと思っている。

ところが、二十世紀後半日本人はついに先進諸国に追いついて、さらに一度は追い越して成熟社会に突入した。成熟とは、成長が止まったことを意味する。

すると、今度は周りのアジア諸国が徐々に徐々に成長して、遂には日本を追い越すような勢いになってきた。日本人も、例えば今や中国に市場を頼らなければ、経済成長ができない。中国やベトナムなどアジアが、競争相手であると同時に無視できない国になって来た。そういう時代になったのである。だから、みんながアジアとの結び付きを強調し、中国を特に改めて意識し始めたという次第だ。

しかし、歴史的に事実を辿って見ると、元々日本は、アジア諸国と常に闘いそして協働して来た国なのである。その「歴史的な発展の姿」については、次の項目で詳しく説明するつもりだから、ここではポイントだけを挙げておこう。

(1) 古代は中国との交流によって制度構築

中国は、すでに四千年とも五千年とも言われる制度文化を持った国である。日本列島に住み着いた古代の人たちの多くが、大陸中国方面から遣ってきたとすれば、こうした中国の仕来りや組織をつくる制度を、人間と共に持ち込んだことは当然だろう。

しかし長い年月を経て、自分たちの集団をつくると、四方海に囲まれた日本人たちは、今度は彼らに支配されないように闘うことに当然なるだろう。闘うと同時に、当然有効な取引をするようになる。

よく私たちが耳にする「魏志倭人伝」という中国の歴史書が、江戸時代にわが国に伝わり、三世紀の頃の日本と中国の関係が明らかになった。この頃、中国は「漢」の時代の後、三国時代（魏・蜀・呉）に入っていたが、当時は《倭の国》と称されていた日本国のことを、種々調べて書いたモノである。もっとも、日本書紀には、西暦二二六年倭の女王が中国の皇帝に挨拶（朝貢）に行ったということが書かれているから、中国との交流が大変重要な当時の外交であり、国事として扱われていたことが判る。

《朝貢》というのは、単なる挨拶とは異なる。これは下の者が、自分より身分の高い上の者に儀礼を果たすことである。特に国と国との関係は、大変重要であって、どちらが先に挨拶したかで支配する側、すなわち覇権国家と従属国家との関係が明確になる。よって、朝貢というのは言ってみれば、当時の日本国《倭の国》が中国の皇帝に従属国になるという一種の儀式であった。

このようにわが国の古代国家は、中国との交流の闘いの中で、彼らの仕来りを取り入れて、徐々に七世紀以降の奈良平安時代の律令制度を完成していったと言えるだろう。

(2) 中世の日本は朝貢を拒み、独自の制度構築

日本国が、朝貢を拒んだため言うことを聞かなかったとして、戦争を仕掛けてきたのが十二世紀に起きた中国元軍の来襲である。元の皇帝フビライは、東西大陸に亘ってもっとも広大な国に中国の覇権地域を広げた人物と言われる。日本は、「元」の前の「唐」の時代までは、毎年のように朝貢を繰り返していたが、武家が台頭した鎌倉時代になると中国との交流が途絶えていた。

その復活が、中国側の強烈な朝貢の要請だったが、この時のわが国の支配者だった執権の北条時宗はそれを拒否した。文永十一年(一二七四)と弘安四年(一二八一)の、二回に亘る歴史上有名な元軍来襲である。僅か二十四才で、トップリーダーになった執権時宗は、全能力を振り絞ってこの二回の激戦に打ち勝ったが、四年後の弘安七年三十四才で亡くなっている。正にトップリーダーとして、全身全霊を注ぎ込んだのであろう。

このため、当時のわが国の国家制度や組織の基本は、殆ど全てが従来の中国から流入した律令制度を廃止して、鎌倉武家が興した「武家法度(貞永式目)」という慣習法が採用されている。基本的には、江戸時代を治めた徳川幕府体制も、武家法度を基本としていた。

しかし、中国との交流は徳川時代にも続けられており、仏教と儒教の思想が国家の体制や制度思想にも、深く浸透していた。神社仏閣が大いに栄えたのは、江戸時代だった。

このように、中世時代と言われるわが国の歴史を振り返ると、結論的には日本という国は、結局、中国それに時には韓国朝鮮半島との闘争と交流という、アジアとの協働によって国家体制を維持発展させてきたと言える。

(3) 朝鮮を通じた銀貿易と文化交流で栄えた江戸時代

前述したように、日本列島は至る所に火山と断層がある。また三陸沖と関東南海沖の二カ所に、四つのトラフのズレによる海溝型の地震帯が横たわっている。このため、わが国は有史以来数多くの地震やツナミに悩まされ、大きな被害を受け続けて来た。その人的かつ物的な損失は、毎年膨大なものがある。さらに、四季折々のモンスーン型の気候による台風の被害や冷害など、度重なる飢饉にも見舞われる。江戸や京都の大火災なども、発生し続けた。もちろん、度々農民一揆なども発生している。

もう一つ重要なことは、わが国の鎖国である。海外との交流貿易を、一切禁止するという措置がとられたということになっていた。

それにも拘わらず、江戸中期から後期に掛けての繁栄をもたらしたのは、一体何だったのか。

国内しか生産流通ができないので、それなりにわが国の商人達が、きめ細かい趣向品などの工夫をしたという説もある。だがこの程度では、災害に明け暮れた日本人の経済が持つわけがない。先進欧米諸国は、この時代、地球の裏側から危険を冒して、キリスト教の布教をも兼ねた交易をアジアに挑んで来たことからも判るように、交易が無ければ商業資本主義は発達できない。

キリスト教を警戒して、長崎に限定してオランダだけを相手にした交易を行う体制を取った。これが、鎖国した江戸時代の唯一の海外との交流だと言われて来た。

ところが、実態は全くと言ってよいぐらい異なる。むしろ長崎よりも、九州の対馬を通じての朝鮮貿易が、わが国の大きな貿易窓口だったのである。この他薩摩（鹿児島）と北海道函館を通じた交易も行っていたが、その交易量はかなり少ない。これに比し、対馬の朝鮮貿易は長崎に匹敵するものだったと言われている。

特に当時、日本で産出する《銀》の貿易量は、江戸中期に長崎を超え、当時世界一の流通量だった。この頃のわが国に《GDP》などという言葉も、考え方も無かっただろうが、日本人が産み出す江戸時代中期の生産付加価値の、一割すなわち現在の金額で言えば、約50兆円に当たる銀を主体とした貿易活動が、幕府の支援の下に行われていた。山岳地帯に覆われ、農作物も殆ど作れない対馬藩の宗家が十万石の大名として、徳川政権から拝受されていたのは、やはりこうした朝鮮との間の巨大な銀の輸出に支えられていたからである。幕末になり銀が途絶えてくると、今度は銅が主要な輸出品目になってくる。正に、明治時代の日本の貿易を支えたのは、生糸だけではなく銅の輸出だった。

こうしたこともまた、たいへん重要な《国造り》の歴史である。

《3》欧米との闘いと協力

もう一つ、一体日本とはどういう国だろうと考える時に、重要なのがアジアの国々との関係と同様、或いはそれ以上に《欧米との闘いと協力》を、執拗に続けて来たということを特徴として取り上げる必要が在る。

要約して述べれば、すでに西欧諸国との闘争は十六世紀頃から始まっていた。

歴史の教科書で、安土桃山時代とされている。いわゆる、戦国時代の終焉を象徴する時代であり、具体的に述べれば織田信長が全国を制覇し、豊臣秀吉に政権が引き継がれた時代だ。この頃すでに、西欧社会は大航海時代に突入し、大英帝国を打ち破ったスペインとポルトガル、それに遅れてオランダが参入して激しく東洋への販路を広げつつあった。黄金の国ジパングが標的にされたのは言うまでもない。

鉄砲の威力を輸入した戦国武将達が、こうした西欧の近代技術に飛び付き彼らを受け入れることと裏腹に、わが国への宗教思想を始め彼らが国土を侵すことに対する警戒、すなわち国防に力を入れることになったのは当然であろう。

本格的な全国制覇を果たした徳川家康が、西欧諸国の進入を極端に警戒して鎖国に踏み切るのは、前述の通り西欧諸国との闘争と協調協力の表れだろう。

さて時代は飛んで幕末になるが、嘉永六年（一八五三）突然浦賀沖に遣ってきたペリー提督率いるアメリカ艦隊の黒船渡来は、もう一つの近代国家米国とわが国との闘争の始まりと言ってよい。その後、明治維新を経て日米の太平洋戦争が始まるまで、わが国日本と米国との資本主義市場競争と国家の覇権を巡っての闘争が続く。特に、西欧の文化芸術とわが国固有のものとの、融合と革新が戦後日本国民の人格形成に与えた影響はたいへん大きいと考えられる。

結局は本格的な戦争の結果、昭和二十年（一九四五）八月十五日の敗戦を迎えるのが、歴史の流れである。連合軍とはかたちだけで、実際はアメリカ軍に完全に占領されたわが国は、その後国家の基本法である憲法の制定はもちろん、あらゆる制度の構築が、民主主義の導入と共に進められた。

そうして、今日まで六十六年の年月を重ねて、日米同盟と日米協調協力は同じぐらい、あらゆる面で、わが国の基本的な骨格とさえ成りつつある。

以上のように、日本の長い間の《国造り》の歴史を見れば、欧米との闘争と協調協力は今後も、極めて重要かつ無視できない日本国の成り立ちの上での基本的要素の一つである。

【2】日本文化の歴史的発展の姿と電気文明

以上の【1】では、いったい日本という国はどのような《地勢》の国土であり、またどういう歴史的な《地政》の基に、成り立っているのかということを含めて、日本という国を、国民全体がそしてまた外国人がどのように理解したらよいのか、その基本的なことをなるべく平易に、かつ分かり易く説明した。

次いでここでは、一言でいえば『日本文化とは何か』ということを、要約したいと思う。別の言い方をすれば、先ほどのような国造りの環境の中で、日本人は一体どのような思想や哲学あるいは宗教観を身に着け、倫理道徳をわきまえて生活してきたのだろうか、さらにそうした日本文化という独特のものが、どうして何処から生まれたのか。そのことがわが国における《電気文明》の発達と大いに関係が深いということを述べたい。

それは、これからの日本の進むべき方向を検証するのに、すごく役に立つことだと思う。

《1》インド・中国との繋がりと多信教国日本の生成
——武士道の基はインド仏教と中国儒教

日本列島は、地球が生成発展する中で、広大な陸地とさらに広い海洋との境目で、しかもアジア大陸が生成された時の断層帯に沿って生まれたものであるから、常に自然変化の脅威に晒されて来たことになる。

今回のような三陸沖の海溝型地震のようなものから、断層帯地震や火山爆発まで地震の種類も多様だが、その他にも毎年必ず遣って来る大雨や台風や火災などによるダメージは、殆ど言葉に尽くせないくらい悲惨なものである。そうした中で、日本人は痛手を克服し常にそれらを乗り越える精神力を陶冶し、漸進してきた民族である。

一体その源泉は何だろうか。日本のこれからを進める上でも、基本的なことを述べておく必要があると思った。

明治時代の本格的な文化人であり、日本を含む東洋の哲学思想と芸術文化を究めたといわれる岡倉天心（本名「覚蔵」）が、明治四十年（一九〇三）に英語で書いた「東洋の理想」という名著がある。彼は東洋を、オリエントと述べ西欧諸国との思想的な違いが明確であることを、以下のように確信を持って述べている。

①第一に、日本文化を支える思想は、五、六千年も前からインドより発し中国に伝わった仏教と、中国固有の儒教であること。

②第二に、この仏教と儒教（四書五経）が、中国の中で上手に残ってきた《粘着性》を、続けて活用すべきこと。

すなわち人知の及ばないもの、すなわち地震災害のような自然の猛威に対し、人間を《無》の信仰によって救い出すこと。これが仏教の役割である。その上で、中国古来の儒教は、このように救い出された人間が、どのように社会の中で生きていくべきかを、「仁義礼智」というような組み立てを示して、社会の秩序を導き出したこと。

③第三に、その粘着性が武士道の基本である《拝受システム》にしっかり結び付いていること。しかも、この武士道の基本には、日本古来の《神道》があり、それが儒教の教義によって秩序付けられたこと。

この三点を要約して、岡倉天心は以下のように《粘着性》を説明している。

『日本を一方において近代的強国に押し上げると同時に、アジアの魂に常に忠実に留まらしめるのは、他ならぬこの粘着性である』(前掲書22~23頁)

ところで、武士道については、もっと端的に海外に日本の基本的な文化思想であるとして紹介したのが、新渡戸稲造の「武士道」だった。

《2》武士道の強固な守りの伝承→拝受システム

新渡戸の「武士道」は、これも岡倉天心の「東洋の理想」同様、外国人に読ませるためにわざわざ英語で出版されたものであり、天心のものよりもすでに八年前の明治三十二年（一八九九）に出版されている。

日清戦争から四年後の時期だから、未だ世界の先進諸国からは、《半開》すなわち未開ではないが文明社会とは見なされていなかった頃である。

キリスト教に帰依していた彼は、もちろん西洋の宗教観と日本人の仏教を基にした宗教観とは、大きな違いが在ることを前提に、両者の思想と文化の違いが何処から出てくるのかを、色々な角度から説明して、とにかく《武士道》こそが日本人固有の考え方であるという説明に、精魂を傾けて書いたようだ。

すなわち、《武士道》は、江戸時代までの日本社会の支配階級であったサムライすなわち「武士階級」の魂であるが、それは特殊な階級だけに当て嵌まった思想や価値観ではなく、そうしたことを超えて《日本人の魂》として今も受け継がれていると言い切っている。

ここで、新渡戸の考えを私なりに要約し整理して述べれば、次の通りである。①武士道は元々日本の十五、六世紀に定着した中世の武士階級という支配層が固めた人間としての節度・規律である。よって、法律ではない。

②基本には、仏教の教義がある。その基本は「禅」であり、自然の猛威のような、人知を尽くしても抗しがたいものに耐えるのは、最後は《無》だと説明する。例えば、今回の三陸沖地震とツナミのように、過去に起きたことがまた発生し、今度もまた全てが無に帰したとする。その《無》を仏教は《禅》が教える『空』の信仰によって仏様から授かったと考え、現世との繋がり、因果関係を断ち切ることを薦める。

③この仏教の教えを基に、武士道は人間としての道徳行為を定義する。すなわち、品性品格ある行動とかフェアプレーという表現で示されるものである。

④しかし元々わが国には、《神道》という祖先を崇拝し、全ては祖先が創った天すなわち天皇から授かるという思想が、連綿と存在している。その行動規律や方向性などを整理してくれたのが、中国から伝えられた《儒教》である。

⑤その儒教の基本である孔子と孟子の考え方を整理してくれた、大学や論語などの《四書五経》が、武士道の姿を上手に説明してくれている。《仁義礼智》はその典型的な道徳律である。

こうして、新渡戸は明治時代になり武士階級は消滅したが、その後も日本人の心の遺産として深く深く沈殿して、今後も日本という国の《伝統的思想・文化の基本》として、受け継がれていくと述べている。

ここに見られる基本は何かと言えば、それは間違い無く日本文化の原点である「天すなわち天皇は、侵さざるもの」という、東西を含めて他の国には存在しない、全てはそこから《拝受》するという基本理念である。

重要なのは、武士階級が無くなって、先ず官僚の登用に世襲制度が廃止された。すると、並行して《萬民平等》と《職業の自由》ということが言われるようになる。しかし、フェアプレーというような、武士道の精神は逆に世の中に沈殿し活かされていく。これが、明治時代の近代産業の誕生に、大きく寄与していったことが特に重要である。

しかも近代産業は、恐ろしくエネルギー資源を必要とする。元々資源の無いことを踏まえて、わが国の新規事業家は工夫せざるを得ないと本能的に考えたのだろうか。次に述べるように、他のアジア諸国と違ってわが国では、電気産業の開拓に極めて熱心に個人事業家が取り組むのである。

《3》開国とは何だったか

(1)電気文明を掴み、東洋の優等生へ

すでに若干触れたところだが、この本の目的に沿って述べると明治の開国の意味を、踏まえておく必要があろう。

《開国》とは、それまでアジア特に中国の思想文明を土台に国家体制を維持してきた日本国が、一挙に欧米先進国という全く異色の文明文化を本格的に受け入れるという一種の《儀式》だったと私は解釈している。

前述したように、日本人は有史以前から長い間に亘って、第一に自然の驚異、特に日本列島の地勢的特徴である地震・ツナミ・台風・水害・火災などと闘い、第二にアジア大陸の脅威と闘いながら、国力を次第に付けて来た歴史を持っている。

ところが第三の脅威は、十六、七世紀頃西欧から遣ってきたキリスト教先進文明だったが、日本のリーダーはそれを《鎖国》という手段で防ぐと同時に、朝鮮を通じて銀の輸出貿易によって国力を付けた。

そこに、第四の新しい脅威が遣ってくる。

西洋社会の中では飽きたらず新天地を求めた新たな勢力が、徐々に力を得つつあった。それが、アメリカである。嘉永六年（一八五三）、この新たなアメリカの脅威に出会ったのをきっかけとして、遂に十四年後に日本は開国に踏み切る。

踏み切ると、日本人は新しがり屋である。

何時の間にか素早く、本能的に電気の導入に極めて熱心になる。

電灯の原理を発明したのは、一八〇八年イギリスのハンフリー・デイヴィーという人である。日本では、江戸時代末期徳川家斉の頃だ。

しかし驚くのは、この電気・電力の導入が、何と殆ど日本とアメリカが同時にスタートしていることだ。

先ずアメリカだが、チャールズ・ブラッシュという男が、明治十一年（一八七八）直流高圧電流発電機を発明、サンフランシスコでカリフォルニア電気会社を興した。そして翌年明治十二年（一八七九）九月から、アーク灯による電気の供給を始めている。

全く同じ頃、トーマス・エジソンがフィラメントに綿糸を使った白熱電灯を発明。同じくアメリカのニュージャージー州で、実験に成功する。

彼は一八八〇年ニューヨークに、エジソン電気照明会社を設立し、明治十五年（一八八二）九月百二十KWの火力発電機六台を据え付け、八十五戸に電灯を点す電力の供給を開始している。

一方、日本で電気文明を手掛けたのが、明治八年（一八七五）と言われる。お雇い外人として来日したウイリアム・エルトンが、この年の工部大学工学寮でイタリア歌劇団の公演に際して、アーク灯の供給実験を行ったのが、嚆矢とされている。

この時は、失敗だったようだが、その後実験を重ね五年後の明治十五年（一八八二）、東京電灯株式会社の創立記念に、銀座に二千燭光の白熱アーク灯を点すことに成功している。上記の通りエジソンが、電気を供給し始めた時と期を同じくしている。

工部大学校でエルトンの指導を受けた藤岡市助が、その後教授となりエジソンの指導も受けながら、本格的な日本の産業界への電気・電力の発展に貢献したという話は有名だ。東京電灯が、事業を開始し明治二十年（一八八七）に日本で初めて、東京地域に千四百四十七灯の電灯を供給した。

翌年には、大阪、京都、名古屋で電灯供給が始まり、僅か十年の間に電気事業者の数が四十一社になり、全国の街路灯基数が二千五百個基、官庁・事業所・家庭への供給戸数は三万戸、電灯の点灯数は十四万灯にもなっている。

十年後の明治二十九年（一八九六）になると、製造事業等への工場動力源として電力を使用するところも、三千百カ所になっている。供給する発電所は、火力発電が約半分、水力が三割などとなっている。

こうして、日本は他のアジア諸国と違って、欧米諸国の電気の利用と殆ど同じ時期とそして相当なスピードで、近代産業発展のための重要な柱と言える電気（電力）事業を、概ね全国的に私的な篤志家や商業資本家などが火力発電や水力発電を手掛け、大きく成長していったのである。

結局、電気事業の推進こそが、日本が唯一アジアの中ですでに戦前において目覚ましい繊維産業などを中心とした欧米諸国に劣らない、近代国家のレベルに達することが出来た最大の要因であると考える。

こうした基礎が歴史の中で、脈々として蓄えられていたため、戦後の産業の発展と高度化もスムーズに進められ、それがさらに高度な技術を必要とする原子力発電の推進に繋がって行ったと思っている。

これが、新たに歴史を振り返って意義付けられる《開国》の意味合いである。

十五世紀末と言えば未だ日本は中世足利時代だが、コロンブスによって発見されたアメリカ南北大陸、特に北米大陸に移住した西洋人は、急速に開拓を進め一六二〇年には、ピルグリム・ファーザーによって建国に取りかかった。一世紀半後の一七七六年（日本の安永五）北米十三州が独立を宣言した。すると、彼らはさらに西へ西へと進み、遂に太平洋を渡って東洋の世界を切り拓こうと考えた。

十二分に準備が整い現れたのが、前述の独立宣言から約百七十年後の一八五三年（嘉永六）の、ペリー提督率いる黒船の登場である。翌年の一八五四年遂に日本はアメリカと条約を結び開国に踏み切る。但し、国内の混乱は、それから一八六八年の明治維新まで十四年間続く。

（2）廃仏棄釈が開国を象徴

明治維新で、最も典型的な日本人の伝統的仕来りを時の政府が変えようと焦った典型的な事例が、《廃仏棄釈運動》であったと私は考えている。

それは、日本古来の仏教の殿堂であるお寺やお墓を打ち壊し、神道の殿堂とされる《神社》を唯一宗教の依り所とするという、政治（明治政府）の指導であった。

こうして、欧化思想を日本国中に素早く広めようとした意図が窺える。

日本が開国して近代的な種々の仕来りを導入するには、取りあえず今までの東洋的思想の根源である仏教を遠ざける必要があると思った。

さらにこの運動のもう一つの目的は、天皇を政治の中心に据えるためには、神道という日本古来の忠義や礼節を唯一の仕来りとして、国の政治を動かす必要があると考えられたためだ。

しかし、元々天皇家は神道の神社も、また仏教のお寺にも参拝を行っており、廃仏運動を懸念する声が高まったことから、明治二年（一八六九）早々にお寺打ち壊しの運動は中止になった。その後、日本人の神仏混合の信仰が、今日まで続いている。

日本は、これぐらい思い切って欧米文明の輸入に力を入れた。

だが未だこの時は、日本人が近代文明とは、エネルギー資源に大量に依存することになることだとは、誰も気付いていてはいなかった。

その後、近代文明の躍進に夢中になる日本人は、国内に資源が無いことに気付き、資源獲得のための闘争（戦争）を引き起こした。こうして、やがて石炭、石油さらには原子力の利用を必要とする時代へと進んでいく。

《4》明治四年からの米欧模倣時代の始まり

日本が近代化し資本主義経済の途を歩むには、エネルギーと鉱物資源や建築建設材料、電気ガスや農林水産物などの生活資源が多角的に、かつ大量に必要とすることが判るようになって来た。

そのことを具体的に教えたのが、多くの分野に亘って外国から招いたお雇い外国人であり、もう一つは海外への使節団である。明治四年（一八七一）という年は、そうしたことが重なる重要な動きが具体化した時であった。

(1)廃藩置県の儀式↓人格拝受

第一は、廃藩置県の決定。この時最後の第十五代将軍徳川慶喜は、全国百七十二の大名から集めた「藩籍」を、自分が今まで預かっていたという考え方に立って、その上で《日本国の土地と人民》を全て朝廷(天皇)にお返ししますという儀式が行われている。

この点は極めて重要なポイントであり、こうして将軍が天皇に返した「藩籍」を、今度は逆に天皇が、直接百七十二の元大名それぞれに「今までの《藩》を、今度は《県》と呼び直して」、改めてその土地と人民を《拝領》したという儀式が、続いて行われている。もちろん、今までの大名は、今度は《知事↓県令》という人格を拝受して、それぞれの県の土地と人民を受け取ったということになった。

このように、私どもの基本的な思想の中には、あくまで《天》が与えてくれているという考え方が、深く滲んでいるのだ。

（2）グローバリゼーションへの対応

同じく明治四～六年に起きた第二の重要な出来事が、今までの日本古来の制度から、開国に伴うグローバルな欧米制度へ変革する動きが、具体的に始まったことだ。以下のように、幾つかある。

＊東京・京都・大阪間に、郵便法に基づく、郵便事業開設（明治四年一月）
＊一円を単位とする新通貨制度の制定、初の金本位制度（同五月）
＊太陽暦採用布告（明治五年十一月）
＊徴兵令制定（明治六年三月）
＊外国人との婚姻許可（同上）
＊米麦の無制限輸出許可（同八月）
＊新橋・横浜間鉄道開業（明治五年九月）
＊中村正直訳「西国立志編」発行（明治四年七月）
＊福澤諭吉「学問のすすめ」第一編発行（明治五年二月）
＊国立銀行条例制定（明治五年寿一月）

＊日本郵便交換条約調印（明治六年八月）
＊岩倉具視を団長とする米欧使節団出発（明治四年十一月）
など。

もちろん、一方では従来の幕藩体制から、天皇中心の政治体制に変革するという工夫も、同じ明治四年をきっかけに行われた。
＊神社を国家の宗紀とし、社格・神官職制定（明治四年五月）
＊戸籍法制定（同四月）
＊廃藩置県（同七月）
＊宗門人別帳廃止（同十月）
＊太政官制を正・左・右の三院制へ（同→議院内閣制への準備）
＊内務省設置（明治五年十一月）

このように、当時のリーダーたちは、熱心に先進文明文化の吸収に躍起と成った。それでも間に合わないと見るや、今度はお雇い外国人をどんどん連れてくる。

例示すると以下の通りである。

ボアソナード（明治七、法律）
エルトン（明治八、電気）
ミルン（明治九、採鉱学）
ベルツ（明治九、医学）
ラグーザ（明治九、美術）
コンドル（明治十、建築）
モース（明治十、歴史）
フェロノサ（明治十一、哲学）
という具合である。

（3）電気の発達と急激な産業近代化の推進

日本に議会が開設され、憲法が制定された明治二十二年（一八八九）頃になると、すでに電気は照明用としてよりも、日本経済発展の原動力として本格的な活用が始まる。

初代内閣総理大臣になった伊藤博文は、憲法制定調査に世界各国を二年半に亘って見聞してきたことも手伝って、大いにその必要性を強調した。

全国各地に、水力発電所と火力発電所が設けられ、殆どが民営の会社だったが、競争も激しかった。大正時代（一九一三年～）になると、電力会社の数が数百社で競争を繰り返し、過当競争違反も摘発されるほどに発展していた。官営八幡製鐵が開業するのは、明治三十年代である。

このようなわが国に、最も必要なものは発電の原料である石炭と石油資源であり、その獲得は喫緊の課題だった。もちろん、国内の河川を利用しての水力発電は、山岳地帯に多く建設されたが、電力を大量に利用するのは都市近郊であり、その原料獲得に欧米に学んで植民地が必要となってきた。

資源の乏しい日本の宿命である。第二次世界大戦を、こうした産業面から判断すると、結局は資源獲得競争であって、既に述べた通り欧米先進国とわが国との闘争の果てに、本格的な戦争に発展したということが出来る。

主導権争いに負けた日本は、台風や地震・ツナミによる被害と違って、戦争という人為的な災害で《天から授かったヒト・モノ・カネ》を完全に消失する。

だが、昭和二十年（一九四五）の敗戦のどん底から、日本人が再生出来たのは、正に地震・ツナミで鍛えられて来た、日本人の武士道精神を体現した、《組織の和》と農村地帯をバックにした《家族的絆》だったと考えられる。

十四年後の昭和三十四年（一九五九）には、「もはや戦後ではない」と言われるほどに日本経済は発展し、メーカーはカラーテレビ、電気冷蔵庫、電気洗濯機などの、家庭電化製品をアメリカやヨーロッパに供給し始めている。

ようやく、日本が原爆の後遺症から脱却し、国民世論が原子力の平和利用すなわち、原子力発電所の建設に意欲を示し始めるのは、昭和三十九年（一九六四）池田勇人内閣が打ち出した、所得倍増計画が本格的に軌道に乗ったときであった。

【3】戦後のラッキーな歴史と課題

（1）東西冷戦終焉とグローバリゼーション

戦後の日本の歴史上、最も日本人にとってラッキーだったのは、世界一を目指して本格的な市場競争を展開する相手のアメリカが、ソビエト、中国といった社会主義諸国と主義主張だけでなく、特に軍事力において熾烈な競争関係に在ったことだ。

もしも、軍拡競争に西側同盟の中心であるアメリカが劣れば、予断を許さない状況が展開された。その経済力を確保するためには、アメリカは日本を経済的に支援し同盟関係を強化せざるを得ないという立場に在った。

こうして、昭和二十六年（一九五一）の朝鮮戦争、昭和四十年（一九六五）のベトナム戦争などで、日本はアメリカに最大の協力を施した。

昭和六十三年五月のレーガン・ゴルバチョフ会談で始まる、東西冷戦の終焉が、逆に世界のグローバリゼーションの始まりである。

世界のトップを目指し一時期「ジャパン・アズ・ナンバーワン」と言われた状況が一変し、日本の成長が急速に止まるのは、冷戦構造の正に終焉であり、日本人のラッキーな状況の終焉でもあった。

（2）原子力平和利用の開始

上述のように、日本がアメリに経済的な積極協力をする中で、最も懸念されたのが、戦前と違い植民地などを保有できない日本列島の無資源な国土の実態である。

毎年のように、少なくとも数回は繰り返す日本列島の火山の爆発や、地震さらには台風の発生と襲来は、逆に言えば日本列島の地下資源というエネルギー源が、地上に放出してしまっていくことを意味する。こうしたところには、石油・天然ガスなどのエネルギー資源は、地層、地勢的に蓄積しないのである。

原爆の後遺症を深く保有する日本であるから、是非逆に原子燃料を平和に利用する国になることが必要だとの声が、産業界や学者からも出るようになり、アメリカ政府に原子力の平和利用を申し出る。当初アメリカ政府は、日本の核保有に繋がるとして可成り慎重だった。

しかし、日本のベトナム北爆への実質的協力や近い将来の沖縄返還なども踏まえて、既に昭和三十三年（一九五八）に締結されていた日米原子力協定に基づき、正式に原子力発電のわが国への導入が決定する。

こうして昭和四十年（一九六五）年十一月日本原子力発電株式会社の東海原子力発電所十六万六千ＫＷが、初めて運転を開始した。

本格的商業用原子力発電所が、運転を開始するのは、五年後の昭和四十五年三月の関西電力敦賀原子力発電所一号機（三十五万KW）であり、今回ツナミの被害を受けた東京電力福島第一原子力発電所一号機（四十六万KW）は、その一年後の昭和四十六年（一九七一）三月に運転を開始している。

ところがその直後の昭和四十八年（一九七三）十月、第四次中東戦争が勃発したのを契機に、《脱石油》が叫ばれ、すでに序論でも述べたように《原子力発電》の推進が、日本国のエネルギー供給のための主要な柱として推進されることになっていく。

すなわち、わが国では早くから欧米に劣らない近代的産業を推進する最大の力であり要素である《電力》の必要性が、歴史的に先輩から代々受け継がれて来ており、石油やガスなどエネルギー資源の乏しい日本の強みを、未来を拓く新たなエネルギー源に求めようとする要望が、戦後の早い段階から着々と進められていたのである。そして、政治のリーダーや専門学識者と産業界が糾合して、原子力発電の導入を待望してきていた。

記録によると、わが国の政府すなわち総理府に原子力局が設置されたのは、日米講和条約が締結された昭和二十六年（一九五一）から、僅か五年後の昭和三十一年（一九五六）である。同時にこの年、原子力委員会と原子力産業会議が発足している。

こうしたわが国が、エネルギー資源に乏しい国であるという最も重要な日本のウイークポイントが、中東戦争という世界的な事件によって一層高まり、原子力推進のニーズが国民的な課題になるのは、上述の通りである。

以下、少し詳しく取り上げて見よう

(3) オイル・ショック　脱石油と原子力発電の推進
――原子力発電が国民的な要請になった

オイル・ショックが、わが国を直撃した。《脱石油》そして《省エネルギー》が、国民と産業の主要目標となり、そこで国民的要望として登場したのが原子力発電だった。原子力発電の本格的促進は、寧ろこの時からである。

昭和四十八年(一九七三)十月一日、私はインドネシア、ジャワ島の中部にあるチレボンという港町のホテルに宿泊していた。その頃、インドネシアの石油国営会社プルタミナとの新たな油田開発の話が進んでおり、その現場を視察するためだった。今でも覚えているが、前日まで極めて低姿勢だった相手が、その朝の会合から急に無愛想になり、しかも開発の現場視察は中止せざるを得ないと言い出した。

それが、第三次中東戦争、すなわちＯＰＥＣが日本に石油輸出の禁輸を始めた時だった。もちろん、インドネシアもＯＰＥＣの重要な一員である。日本への禁輸措置には、インドネシアは加わってはいなかった。

しかし、彼らの同盟国サウジアラビアやイラクやイランなどが、禁輸する事態となっているので、このままだといずれインドネシアも参加せざるを得ないという状況だった。

急いで帰国の途に着いたが、わが国ではトイレットペーパーの買い占めが行われるという混乱が起きた。

通産省の若手役人だった堺屋太一が、「油断」という小説を書いて、ベストセラー作家に躍り出たのもこの時である。

ＯＰＥＣは禁輸措置を解除する代わりに、石油の価格を従来のバーレル当たり2～3ドルから、一挙に十二ドルに五倍以上に値上げしてきた。バーレルとは、樽のことである。こうして、メジャーと呼ばれる国際石油会社、すなわちＢＰ、Ｓｈｅｌｌ、スタンダードオイルなどという相手と折衝してきたが、二年後には再度大幅な値上げに踏み切る。

バーレル当たり24ドルにもなり、スタンドのレギュラーガソリンの値段が、一挙に一リットル当たり今までの十倍の50円にもなった。

電力会社も、大変だった。電気料金の大幅値上げを申請し、それは政治の問題になる。昭和四十九年（一九七四）と昭和五十一年（一九七六）、さらに昭和五十三年（一九七八）の三回に亘る大幅値上げが行われ、私は四十九年と五十一年の二回、担当課長として通産省との直接の値上げ交渉に奔走した。電気料金を、今までの二倍とか三倍に上げるのだから大変である。

経営のトップは、国会に呼ばれて説明をする。

私たちは、その資料作成は当然だが、毎日、主婦連、各政党、組合、商工会議所、経済同友会、そして経団連に呼び出される。

先ず石油や天然ガスや石炭の購入価格と、それが電気料金にどのように計算されて、やむを得ず値上げするのだということを、丁寧に説明する。

特に左翼政党の人たちは、電力会社は資本家の手先と決め付け、何かごまかしがあるのではないか、としきりに細かいチェックをしてきた。

序でながら、昭和五十一年（一九七六）はロッキード事件が発覚し、この年の六月、総理大臣だった田中角栄が逮捕されるというニュースが、国民の話題をさらっていたが、同時に電気料金値上げも大変な政治課題であった。

こうしたことから、燃料費ウランの価格が石油の十分の一以下と低い《原子力》が有望なエネルギー源として重要視すべきだということになっていった。

冒頭に述べた、経団連会長・土光敏夫が東京電力の社長だった平岩外四を、経団連の副会長に呼び込み、これからは燃料費が安くかつ資源として安定的なウラン燃料に、大幅に頼る必要があると考えた。

こうして、原子力発電の大幅増設が喫緊の課題となっていくのである。

政党も共産党などは、元々原子力発電建設に反対し続けていたが、日本は民主国家である。政治もまた国民の大多数もその必要性を認識していた。

(4) 地球温暖化解決のためにも、原子力発電は決め手

重要な今後のエネルギー資源として、総論ではみんなが賛成するが、地方自治体のトップも地元選出の国会議員も、原子力発電のための具体的立地の提供には、おしなべて消極的だった。消極的というよりも、むしろ否定的になる。原子力をマニフェストや政策の中に入れると、落選するといわれたし、決して票に結びつかないからだ。

土光は、平岩を伴って何度か、有望な原子力立地の相談に赴いたこともあるが、矢張り簡単にはいかない。どうしても、何度も地震が発生するような場所が対象になってくる。

それでも、平岩は全国の電力会社の社長などに呼びかけて、これからは国家の安定的なエネルギー資源として、原子力発電所の本格的な増設が何としても必要なことを説いて回った。だが、既述の通り東京電力の場合だけは、自らの電気を供給し販売する責任のある、いわゆる関東地域で応じてくれる市町村は全く無かった。

漸く地域住民からも、原子力発電の立地に協力したいというところが、徐々に現れていった。福島県もその一つだった。

こうして、現在全国に五十三基、四千七百九十三万五千KWの原子力発電所が稼働している。これは、アメリカ、フランスに次いで世界第三位の大きさであるが、間もなく中国がわが国に迫る勢いで原子力発電所の建設を急いでいる。

自民党政権下で作った原子力発電所の増設計画では、地球温暖化を二〇〇五年比一五％減らすのに、太陽光とか風力などの新エネルギーでは、その数％しか対応出来無いので、少なくとも原子力発電所を、十年後の二〇二〇年までに、後九基（建設中三基、新規六基）、合計千二百万KW増設する必要があると述べていた。もちろん早々に具体化する必要があり、地元との交渉など大変な課題である。

その背景には、言うまでもなく上記のように電力の安定確保、地球温暖化の問題が在る。

ところが、自民党の麻生に代わって一昨年秋、民主党政権が誕生すると、初代代表に選ばれた鳩山由起夫は、総理として早速国連総会に赴きパフォーマンスを振りまく。

CO2の話が突然、出てくる。多分何の検証もしなかったのではなかろうか。

彼は、日本は十年後に現在のCO2排出ガスを、一九九〇年のレベルよりも、二五％減らすと宣言した。

麻生の二〇〇五年比一五％でも大変なことなのに、何を思ったか突然のとんでもない発言をした。百五十万ＫＷ級の原子力発電所が、さらに十基ぐらいは要るだろう。その場では、みんなが拍手したそうだが……その後、世界中から疑問が投げかけられている。当然だろう。

鳩山のパフォーマンス振りは大変なもので、その後も例えば、沖縄に赴いて米軍基地問題を取り上げ、少なくとも県外へと述べた発言が、全くの根拠のない話だったことがその後露呈。日米関係を、不安定なモノにしただけでなく日本外交が危機に直面する事態となった。

ただ、鳩山のパフォーマンス的発言は別にしても、今までの経緯を考えれば、地球温暖化という環境問題の解決に、原子力発電所の建設は絶対に欠かせないものである。

したがって、今回の福島第一原子力発電所の放射能漏れが、過大に内外に報道され、「だから原子力は危険であり、中止すべし」というような、軽挙妄動的見解は、誠に問題がある。

私たち国民は今、原子力発電が無ければどうにもならないところに追い込まれている。

先ほど、天皇皇后両陛下のことで取り上げた同じ文芸春秋五月特別号に、都知事に三選した石原慎太郎の「試練に耐えて、われなお力あり」という素晴らしい論文が載っている。その論文の中から一例をそのまま引用しよう。

「菅総理は震災翌日ヘリで福島第一原発を視察、さらには東京電力の本社に乗り込んで怒鳴りあげたそうだが、そうした行動が、事態を少しでも改善させただろうか。有事の際の指揮系統がしっかり出来ていれば、そんなことをせずともそれぞれの担当大臣、官僚が動き、総理は最終判断に集中すればよい（以下略）」

正に、石原知事の言うとおりである。然し同時に東京都知事は、東京都民が必要な原子力発電所を都民全員で応援して、巨大地震や十五メートルや二十メートルにもなる恐ろしいツナミの来ない所に、堂々と造ろうではないかと言うべきではないのか。

経済産業大臣は、ついこの間まで日本の原子力を海外に懸命に輸出しようと言っていたではないか。ツナミを被って故障した福島第一原子力発電所は未曾有の被害であるが、よく耐えた。他の原子力発電所は、全く問題ないとはっきり世界に向かって何故表明しないのか。

【この章のまとめ】

この章で、私は次の三つのことを述べた。

第一は、日本とはどういう国であり、そこに住む日本人とは一体どういう人物なのかということ。

《ポイント要約》日本という国は自然の驚異に常に晒されながら、それに耐える生き方をしてきた。万一災害に遭遇して全てを失ない、《なゐ》→「無」「空」になったとしても、「天」から全てを授かったモノとして恨まず、懸命に再生を図っていく。それが、本来の日本人の姿であること。

第二は、ではいったい日本人は、どうして東洋の優等生になれたのか

《ポイント要約》日本人は古代以来、中国、西洋、アメリカと各々闘争し協調しながら、成長してきた。明治の近代化の中で、いち早く電気というエネルギー手段を発見し、電気事業の発展を図ったことが、他の追随を許さなかった

根本原因。

第三は、日本はオイル・ショック後、原子力に頼る方向を目指したのは何故か。

《ポイント要約》　言うまでもなく、常に火山や地震・ツナミで大量にエネルギー放出を続ける日本列島には、活用できる有効なエネルギー手段が無いという運命にある。

開国近代化に当たって、日本人は電気・電力という素材を発見したが、石油天然ガスなどの高価な輸入資源に頼らざるを得ず。オイル・ショック後、メインの手段として、ウラン燃料による原子力発電を目指さざるを得ないと考え、国民的な要請を背負って実行してきた。また、原子力は地球温暖化対策の切り札でもある。

この方向性を、変えることは出来無い。

【この章のまとめ】

以上を纏めて考えれば、エネルギー資源の無い日本が、今まで進めてきた原子力を基本的資源の中心に据え、電気電力の利用を安定的に出来るように、工夫していくしかないことが、結論付けられる。

放射能が危険だとして、現実に稼働している原子力発電を凍結ないし廃止するような考えは、勘違いも甚だしいことだと言いたい。

第三章

日本と日本人の価値観を見てみよう

ここで私が述べるのは、日本人は英語が下手だから国際会議に出ても韓国人や中国人のように欧米人などと、全く話もしないとか、或いは相手の話が判ってもいないのににこにこして頷くというのは良くないとか、そう言うことではない。

もちろん、上記のようなことも重要な問題の一つではあるが、私がここで取り上げるのは、過去の歴史の中で示してきた《日本と日本人の価値観》とはいったい何かということである。

それを忘れて仕舞っているのではないか。そう思えてならないからだ。

結論から述べれば、日本人は意識するかしないかは別として、次の三つのことを踏まえて、あらゆる活動に対応しているということである。

＊第一に、（天）は不変という価値観を共有していること

＊第二に、自然の脅威によって《なゐ（無）》になっても、倫理道徳を踏まえて、再生していくという精神的な絆を持っていること

＊第三に、よってそれぞれが与えられた組織の中で、自己研鑽に務め自らの能力を施し続けるという正義があること

以下こうしたことを、具体的に述べて見よう。

【1】（天）は不変という価値観

福澤諭吉は、明治開国の折に「学問のすすめ」という論文を纏めて出版し、当時の大ベストセラー第一号に輝いた。その論文の最初に出てくる言葉が『天』である。彼は『（天）は人の上に人をつくらず、人の下に人をつくらず』と書いた。

この《天》とは、いったい何かということである。

私は《天》というのは、日本国という組織の中での、日本人の心のより所であるから、変わっては成らないモノ、すなわちそれは憲法上に定められている、《天皇》のことをさしていると解釈している。

今の若い人たちには、なかなか理解できないだろうが、六十六年前の大戦で、日本政府（日本軍と言った方が良い）が、二百六十万人以上の犠牲者を出しながら、最後は何故あっけなく、連合軍に無条件降伏して終戦を迎えたかと言うことである。

もちろん、色々な説がある。

新型爆弾（当時は原爆とは判らなかった）が、廣島と長崎に投下され、これ以上戦争を続けては、犠牲が大き過ぎると考えられた。これも確かに根拠がある。

さらに、沖縄の後に本土決戦と成った段階で、日本側の同盟ドイツが既に降伏して仕舞っており、日本が孤立してしまったことが、原因で在るという指摘がある。

もう一つ、同盟関係を結んでいたソ連軍が、突然協定を破棄して宣戦布告してきたことを理由に挙げることも出来る。

こうした幾つかの理由が在るが、私の解釈はもっと重要な日本国存続の根幹に関わることが、連合軍との戦争終結における最大のポイントになったことである。

それは、すでに新渡戸稲造の『武士道』、あるいは岡倉天心の『東洋の理想』の中に取り上げられている、日本列島の自然とそこに在るすべてのものは「天すなわち天皇から授かっている」ということを、守るためだったということである。

（1）連合軍との交渉→拝受社会の伝統維持

昭和二十年（一九四五）八月始め、ポツダムで米英ソ中の首脳が、日本の敗戦後処理の仕方について協議をし、方向性を決めたのがいわゆる世に言う「ポツダム宣言」である。

その中に、今後とも日本の天皇制は活かすと言うことを書かせた。現在防衛大学校長を務めている、先ほど紹介した今回の復興構想会議の議長の五百旗頭真が神戸大学法学部教授だった折、戦後三十年を経て公開された戦時下での、連合軍が行った「戦時下の日本に於ける内部構造」を綿密に調査した記録を、纏めたモノが在る。『米国の日本占領政策（上・下）』（中央公論社）という本だ。連合軍の統合参謀本部の一部局に、ヒュー・ボートンという日本の歴史や文化・思想を綿密に研究していた学者がいた。この学者の日本人顔負けの、日本の武士道に基づく行動を調査して、「《天》は不変」という価値観が原点だということを、報告していた。それが、基本的に決め手になったという。後のことだが、五百旗頭から彼自身が監修した「戦後日本の設計者（ボートン回想録）」（朝日新聞社）を贈ってもらい、それを読んで、ボートンが如何にこのことに貢献したかを知った。

要約すると、日本人は誰一人「天皇の命令なら」反対する者は居ない。逆に仮にも天皇を処罰するような扱いをすれば、彼らは最後の一人まで抵抗するだろうという。そういうような、日本人の価値観、国家観についてトップに報告が為されていた。

したがって、ポツダム宣言にいたるまでの、水面下での日本側との交渉は、《天皇制》

を残すかどうかが、最大の焦点だった。すなわち、天皇制に手を付けない代わりに、日本軍全軍の武装解除という無条件降伏を、日本政府は呑んだ。

これが、最大のポイントだったと解釈出来る。

天すなわち天皇のためなら何でも文句を言わないという、彼ら外国人から見るととても《理解しがたい精神構造》だということになるだろう。

よって、ポツダム宣言の受託は、過去からの歴史の中で、日本人の連綿と続く《拝受・拝領》システムの伝統が、戦後の国家構造の在り方に受け継がれた瞬間だったと理解できないだろうか。

先ほど、この章で取り上げるのは、三つあると述べた。

その一つが、《天》は、不変と言うことだった。それが、連綿と維持されているということである。

ところが、どう考えてもこの不変であるべき《拝領・拝受》システムが、外圧によって曲げられたと見られるものがあった。

《農地法》の制定である。それを、次に取り上げてみる。

（2）農地法で崩れた家型社会の伝統

わが国では、前述したように明治維新の折に、土地と人民は全て天すなわち《天皇》から授かったということを、県知事（県令）に確認させるというセレモニーが、各地各様に行われた。このように、拝領・拝受システムがしっかりと構築されていた。

言ってみれば、これによって家型社会の伝統が、明治の開国後も同じように維持されていたということである。

しかも、わが国が完全に占領された六十六年前の終戦の折も、先ほどから述べるように、《天》は変えられないということを、連合軍に約束させた。全軍無条件降伏、完全武装解除という条件と交換に、である。

ところが、戦後になって占領軍が、一つだけ拘ったことがある。

それが、《農地の解放》ということである。これは、大きな変動だった。

日本列島が、初めて外国人に占領されたのだから仕方が無いが、それでも私たちの先輩は懸命に抵抗する。

しかし、昭和二十七年（一九五二）七月に、国会で『農地法』が定められた。

この農地法には、日本国民にとりとても重大なことが定められている。

先ず、本法の第一条の「目的」は次のようになっている。

『《農地》と目的が定められた土地』だけは、『《耕作者》という農産物を作るために土地を耕やす者だけに所有させる』、と明記させたことである。

多分、一般には余り知られていないと思うが、国家がこのように特定の職業を持つ人に、《永久既得権》を与えたということである。

《天》が与えたものではなく、占領軍という外圧によって法律に定めて与えられたということである。


何故、そういうことを占領軍は、わざわざ拘ってこのような法律を定めたのだろうか。

それは、言うまでもなく「日本軍」が新たに再生できないように明確に規定して、不在地主である『農村閥』を排除する措置を執ったということである。

しかも、この法律には、二重の仕掛けが施されている。

それは第二条の「定義」という中に、『この法律で《農地》とは、耕作の目的に供される土地』であると、わざわざ書いている。ではどうやって、耕作の目的だと認定するのか。それは、本人の意思表示が基本である。

したがって、法律の定めるところによって農地を貰った人が、「はい、この土地は耕作の目的です」と言えば、仮に実際には使われていなくても、その土地は《農地》ということになるわけである。

私が何故日本国民にとって重大なことかと言えば、正にこの時小作人であった概ね六百五十万戸の農業従事者に、農地の《永久既得権》を与えたということだ。逆に言えば、この人達の職業選択の自由を奪った、ということにもなる。

結果的には、何百万人もの、零細な農業従事者が誕生した。

だが、一人として文句をいう者は居なかった。

それは、既得権益を得たことのメリットが、非常に大きいと考えられたからだろう。こうした零細な農業従事者を取り巻く、《農協族》という利益集団が生まれたことも重要なことである。

もしも、このように特定の当時の小作人に、上記の農地法で規定したような《永久既得権》を与えるような遣り方をしていなければ、今日のように一方ではみだりに《耕作地》であるはずの農地が、宅地化されて農村の自然が破壊されるようなことにも成らなかったろう。

また一方では零細兼業農家への、減反政策によって、広大なしかも虫食い状態の荒れ地が出現し、これも麗しく美しかった日本の伝統的農村風景を駄目にしている。

こうして、既に戦後六十年以上も経過し役割を終えた法律は、是非とも改定していく必要がある。

現在、農林水産省の統計によれば、昭和三十五年（一九六〇）当時の、わが国の農家数は六百六万戸だった。この時仮に一戸当たり農業従事者が平均四名だったとすると、合計二千四百万人の農業従事者が居たことになる。

内訳を見ると、全体の六割三九八万戸が二、三ヘクタール以下の農地を、先ほどの農地法で与えられた《兼業農家》、すなわち農業収入だけでは生計が維持できない《農業従事者》だった。

農業従事者として、何とか生計が維持できる五ヘクタール以上の《専業農家》の割合は、約四割の二百八万戸に過ぎなかった。

それが、その後どのように変化しているか。

当時から、三十三年を経た平成九年（一九九七）の状況を見てみよう。

先ず全農家戸数六百六万戸の農家が、四百三十六万戸・七二％が廃業。僅かに、百七十万戸・二八％に減少している。

さらに問題は、欧米などと違って、昭和三十五年（一九六〇）当時約七百万ヘクタールの農地が、この三十三年間に、何と僅かに四百六十万ヘクタール・六五％に減り、三五％二百四十万ヘクタール、すなわち埼玉県全体と同じぐらいの農地が、耕作放棄ないし宅地に転用されてしまったという結果である。

私が先ほど述べた三点のポイント、すなわち日本人の価値観ないし常識ということから判断すれば、この農地法が定めた問題は、次のように整理されるべきではないだろうかと考える。

第一に、日本人の感覚で定めたものでない、特定の《現在の農地耕作者》という限定付きで一方的に与えられた既得権益を放棄した農地は、われわれ日本人の価値観に従って、

《天》に返すという措置を早急にとるべきではなかろうか。もちろん新たな法律が必要だろうが、伝統的な日本人の本来的価値観に従って、国家が放棄した土地を収用しても、決しておかしくはない。

第二に、「なゐ」すなわち今回の災害のような、全てを《無》にしてしまったような人たちのことを、考えてみてはどうだろうか。今回の大震災で、工場や事務所、それに家屋を失った者も、大勢居るだろう。そういう人たちに、優先的にそうした土地を分け与える必要もあるのではなかろうか。そういう方々が、再生を心掛けられたら、たいへん良い利用法となろう。日本人の絆を、考えてみたい。

第三に、すでに三分の一程度に減ってしまったが、農業従事者としてなお意欲を見せている人たちにも、農地法を新たに改革することによって、従来の一方的に農業従事者が、その土地から逃げられない仕組みを、もっと自由化することを考える必要があると思う。

農地の《耕作者》という考え方から、農地の《経営者》あるいは《起業家ないし事業家》へという、価値観の転換が必要ではなかろうか。

【2】会社は不変という価値観

日本人の本来的な価値感覚として、欧米人と違い《(天)は不変》という基本的考え方が、全ての前提に有るとすれば、そうした不変不動のものを動かしていく母体というか組織体も、当然に安定的でなくては不変なものへは繋がりにくい。

われわれが現代において、最も一般的に帰属する企業体すなわち会社というものを考えてみよう。グローバリゼーションの影響も大きいが、一昨年辺りから子会社などの上場を控える風潮が強い。

何故だろうか。もちろん、外資に乗っ取られるという予防措置から、という理由もあるだろう。しかし、それだけではない。

むしろ、日本の企業理念は、欧米の会社が株主本位という在り方とは違って、むしろ《創業の理念》を持ち続けること、すなわち「会社は永遠」という思想が、起業(企業)の社会的責任いう《組織重視》の観点からも正しいという考え方が、あるからだ。

以下そのことを、論じてみよう。それが、この本の論点にも繋がるからだ。

《1》組織の「和」が産み出す知恵

かって、東京電力の社長に、木川田一隆という賢者がいた。私が入社した頃は副社長だったが、いろいろなことがあったが、間もなく社長になるや素晴らしい賢者振りを発揮し、《経営の和》をしきりに説いた。

彼の名言を、幾つか思い付くままに挙げて見よう。

＊「企業における《全体と個》の調和」

「個」である従業員が、一人一人頑張り努力すれば、経営という全体が前進する。そうした経営体という全体が、従業員個々の英知によって発展するように、経営者はマネジメントを怠ってはならない。

＊「優れた経営者の《知性》のみが社会を発展させる。経営の社会的責任という言葉の所以である」

この考え方は、木川田が真剣に求めた究極の経営理念でもある。彼は東京電力のトップリーダーとして経営を薦める中で、労働組合との経営との労使協調を目指して「経営協議会」という機関を創り、資本主義における労働価値への配分論を生み出す。

その上で新たに彼が取り組んだのが、公害問題であった。昭和三十年代の後半から四十年代初期に掛けて、東京や大阪の首都圏がＳＯ２（二酸化硫黄）やＮＯ２（二酸化炭素）などの企業公害に悩む事態が発生した。

木川田は、この問題に全力で取り組み、当時の美濃部・東京都知事と公害協定を結び、石炭火力や石油火力に最新の脱硫脱硝装置を導入させると同時に、天然瓦斯超低温化技術によってＬＮＧ（液化天然ガス）を導入。さらにインドネシアのミナス、中国の大慶という、Ｓ（硫黄）分がゼロに等しい重原油を投入して、公害問題を一手に引き受けて解決する。

こうした《賢い経営者》の在り方を、哲学的に証明することが出来無いか。これが、木川田という知的経営者の違うところだったのだろう。毎日スタッフに言いつけて勉強する。誰かそう言うことを、証明した哲学者は居ないだろうか。後に社長、会長を務めた荒木浩も私の同期だが、もう一人、依田直という同じく同期の男が木川田のブレーンをしていた。

やがて、詳しいことは不明だが彼の話によると、アメリカの政治哲学の系統の中に歴史学派と称するグループが在り、そこに属する一人の哲学者に、アーノルド・トインビーという人が居て、この人が意訳すると概ね次のようなことを述べているという情報を得た。

『今日の複雑な社会において、それらの諸問題を解決できるのは、最も優れた経営者の知性のみである』

これを知った木川田は、驚喜した。

《これだ、自分が求めていたものを発見した》

彼は、無上に喜び、トインビー博士に会いたいと望んだ。暫くして、トインビーが、今ではイギリスで暮らしていることを知るや、是非にお会いしたいと手紙を書き、遂に実現する。

今度は、是非とも日本に来て頂いて、先生に講演をして貰いたいと言うことになる。最後は、トインビーの著作を、翻訳させて貰いたいと述べて、結局トインビー哲学全集を出版した。

知的経営者、木川田一隆の面目躍如である。

この他にも木川田は次のような、名言を数多く残している。若干紹介してみよう。

《情報は神速に、正確にせよ》

《現代社会における競争的協調の重要性を認識すべし》

《パーソナリティの確立は、組織の和の中で育まれる》

《企業の行動倫理も個人の行動倫理も、仁を超え智に至りて確立する》

《パーソナリティの確立は、人間個人の創造性の発揮によってもたらされる》

《イノベーションに即応し意識を変革し、組織を能力構造的に改革すべし》

このようにして、日本における会社という組織の強みが、そこで実際に働いている《知的経営者》と多くの《個々の従業員》と全体の《和》を如何に図るかということに、腐心していることが大きな特徴であると考えられてきた。

私は、上述の木川田の論理を踏まえて述べれば、それは《如何に個人の感覚で言う「家族的な絆」を、「組織の和」に高められるか》と言うことではないかと解釈している。

そこに横たわる日本人の文化的価値観は、矢張り人間個々人が不変の《天》を支える安全安定な組織から、人格を拝領・拝受出来るという精神的な安心感ではなかろうかと考える。

企業の寿命を、考えたことがある。世界の先進国を含め種々調べて見たが、結論から言うと、日本の企業ほど会社の寿命が長いところは、世界中どこにも無かった。イタリアのベネチアなどの、伝統的な靴とか革製品をつくっている商人の会社で、三百年ぐらいの伝統を持つところが在った。イギリス、フランス、ドイツなども、長くてせいぜい百数十年である。

これに対し、わが国はとても特異な国である。大阪に金剛組という会社が在る。神社仏閣の建築を営々と行ってきた会社だ。ここは何と一千年以上、変わらない事業を続けてきたそうである。千年以上の会社が、全国に他にも数社がある。調査によると、三百年以上続いている会社が二千社を上回るという。

《2》会社とは何か

——企業の社会的責任と企業経営責任

すでに、多くの学者や専門家が、企業の在り方、さらには会社とは一体何だろうかということを、それなりに深く研究して来ている。そうしたことを、改めてここで披瀝しようとは思わない。

それに先ほども、木川田一隆という一流の知的経営者が展開した、日本的経営の価値観は、欧米流のステイクホルダー論とは違い、《会社とは、経営者と従業員のもの》という感覚が、非常に強くそのことを捉えていると思っている。

そのうえで、木川田たちによって概念付けられていた《企業の社会的責任》CSRという、企業の従業員を巻き込んでの経営行動と、今回の地震・ツナミによって引き起された不測の《企業責任》とを、どのように分けて判断するかである。

むしろこの本の目的に沿って、真剣に考えてみる必要が在る。

私は、今検討の対象物として《原子力発電所という特殊な施設》を取り上げることにする。

その上で、幾つかに論点を整理して、この場合の企業の社会的責任と企業責任ということを論じてみる必要があろう。

私は、敢えて次の五つの仮定を置いてみた。

第一は、《国家責任説》

自然災害それも想定外いわゆる《未曾有》の、有史以来（三陸沖地震としては）今までに、これだけ大きいものは無かった。それほど超大型地震・ツナミによる災害によって、原子力発電所が停止し、放射能の漏れによって地元住民などを長期間避難させるという事件が発生したこと。これは、企業責任の範疇を超えていると判断する考え方。

第二は、《企業責任説》
どんな自然災害であろうと、放射能が発生するような危険物を扱う工場とか機械を操業していることに対する責任があるという見解。
第三は、《立地瑕疵有無説》
未曾有の自然災害に関しては、その原子力発電所の立地がそこしか無かったのかどうか。他にも選択の余地が在ったかどうか、敢えてその地点に建設したのは何故かにより、経営責任が分かれると考える見方。
第四は、《国民負担→電気料金負担説》
原子力発電所はむしろ、国家的なプロジェクトとして、エネルギーの脱石油化並びに、地球温暖化対策として、国民的要請によって建設したものである。文明と民主主義の根幹でもある電気・電力を供給する責任を負う電力会社は、公益的使命を果たすためには最大限の努力をすべきだが、こうした不慮の事故に対し、どういう責任を負えるのかという見解。

第五は、《首都圏住民負担説》

何万人もの死者も出るような未曾有の大災害である。むしろ、原子力の電気を大量に使う首都圏全体の責任として考えるべきで、一企業の責任の範囲をはるかに超えた判断が必要であるという意見。

以上の五点の考えに対して、どういう判断をすべきだろうか。以下少し長くなるが、英知を絞って検討してみよう。

【重要なのは前提条件】

こうした国家的な課題を検討する時、最も重要なことは私たちが一体どういう前提条件で、本件を取り上げるかということである。

その前提条件にしなければならないものに、次の三つがある。

一つには、何が原因だったか、その「何が」は誰もが想定できなかったかどうかということ。

二つには、原子力事故だけを特別扱いする理由が、日本人の価値観から正しい判断なのかということ。

三つには、どうして地震・ツナミが来るような場所に建設したかということ。

第一の原因は何だったか、その「何」は想定されたものだったかどうかという点である。

私は、常識的な見方で判断すれば、事故の原因である「何が」は正にM9という巨大な地震と《ツナミ》である。

想定外の誰もが予想し得なかった自然の脅威によって、大量のツナミの海水を原子力発電所の電気系統が被り、遂には放射能が漏れる事故が生じてしまったとみるべきだろう。前述の通り、火力発電所も大ツナミで、原子力発電所よりもさらに大きなKWの発電機が停った。正にすべてが不可抗力の天災である。

そういう判断をするとすれば、それはとにかくも日本の最高責任者の首相以下、地元の知事も住民もすべて誰もが、全く考えても居なかったということになる。

数万人の死者・行方不明者が出たことは、それを十二分に説明していると考えるべきだろう。

ただし、この第一のことに関連してもう一つの観点を忘れてはならない。

それは、福島原子力の設備の建設許可を東京電力に与えた、国の判断基準(原子力施設の設置基準)に、瑕疵は無かったかどうかという点である。重大な事故が予想される地震地帯の三陸沖の海岸に、原子力発電所を建設するという申請が出た時、それを許可した国の判断に果たして今回の事故に結び付くような、「瑕疵」は無かったかどうか。これも、重要な前提条件であろう。

この点は、専門的な判断でもあり予断は許されないが、すでに原子力委員長の近藤駿介が四月五日の記者発表で、「国の審査基準に瑕疵があった」と述べており、この発言は重要だ。結局、国の審査基準には示されていなかった、不可抗力の事故ということになる。よって、東京電力の企業責任にはなり得ない。

第二の点だが、原子力事故だけを特別扱いして、なぜ取り上げねばならないのか。特に被害の程度から見ても、大勢の死者や行方不明者が出たわけではない。僅かに二人の東電社員が、痛ましくも現場点検中にツナミに押し流され亡くなってはいる。しかし、家屋敷や家財道具など、全てが失われたということでも無かろう。

もちろん三十キロ圏内の人達が、放射能予防のため長い間禁足令を喰った。この首相の指示が果たして正しかったかどうか。その検証は非常に重要である。農家や漁業者は、出荷制限や風評被害に苦しめられている。その被害は、災害の二次被害である。一方、何十万人もの避難所生活を強いられている人達の、健康障害や精神的苦痛は、大変なものだという。これも、災害の二次的被害である。健康障害の中には、感染症がある。放射能はもちろん怖いし、大量に浴びれば命に関わる。しかし、放射能はどうやらクリアしそうである。

今、この本の原稿を再チェックしているところだが、四月十六日（土）の西日本新聞に「原発三キロ圏双葉町ルポ—無人の街満開の桜」というカラー写真入りの記事が一面中央に出ていた。この町の入り口に「原子力明るい未来のエネルギー」という横断幕が写っている。チェルノブイリとは全く違う内容の事故であることを承知の上で、しかも単なるガイガーカウンター上の数字だけでなく、十分に検証した上で三キロ圏十キロ圏二十キロ圏という大勢の人たちを遠くに避難させたのだろうか。

一方、放射能の影響とは関係の無い地域で被災し集団生活をしているため、感染症障害や健康障害をおこし、重病人となったり或いは死亡した人が出ている。その責任は、いったい誰が負うのか。逆に放射能が出たということになると、どんな不可抗力の場合でも事業者が責任を負えというのは、矛盾していないか。

第三点は、何故地震多発地帯を選んだかということだが、前述したとおり、自らの供給区域内に造れなかったという事由が明確にある。これも企業のモラルハザードを超えた、不可避的な事由であろう。

以上を踏まえて、先ほどの五つの責任論について検討してみる。

【国家責任説】

第一は、国家責任説である。

上記の前提条件の他に、国家責任説を検討する場合、もう一つ災害発生に際して、首相以下の初動体制に問題は無かったかという点はとても重要だ。

すでに冒頭にも述べたように、この災害に際してわが国のトップは、決して賢い姿には見えなかった。

この人は、昨年首相に就任した時の記者会見第一声が、「私は逃げるのが早い」といみじくも述べた言葉だった。

今回も、一人で災害の現場視察に出掛けて行き、時に関係者を威嚇しながら、忙しく駆け巡っていた。

記者にその目的を質問されて、「被害の実態を実感するため」と言っていたが、あれだけ広大な災害の、ごく一部を覗いたからといって、総理の判断にどれほどのプラスになったのだろうか。先ほどのように、石原都知事が述べている通りだ。

軽挙妄動せず、正に泰然自若して、じっくり打つ手を読んで置いた方がどれほど良かったか。総理の動きがメディアによって、世界中に逐一そのまま報道される。しかも感極まってか原子力発電所に飛び込んだ。これで、世界中に《日本は危ない》と想わせてしまった。

これが、国内だけでなく海外への過剰防衛的な、風評被害をばら播く結果になった。

この首相の責任は、実に大きく重い。

さらに、すでに上述したように、ツナミの巨大さから言って人知を超えている。いくら公益事業だからと言って、会社に責任を取れということは出来ない。

コンプライアンスに問われるような、モラルハザードとは全く異なるというべきだと考える。

むしろ、今述べたように国家というよりも、現政権その代表である内閣と総理の責任は実に重い。

【企業責任説】

第二は、企業責任説である。

どんな理由があろうと、人命に関わる危険物を扱う事業者は、事故の責任を免れられないという考え方である。

確かに、個人的な企業において災害を招いたり、事故を引き起こしたりする責任は、重いと言わざるを得ない。

だが今回のような、全く誰も予想しなかった想定外の事件の場合について、やはり不可抗力ということにならないか。

しかし電気事業のような、公益的事業においてはどうだろうかという意見が在る。この場合、何も原子力発電所の災害だけのことではないだろう。

例えば、今回の大災害において、東京電力の多くの火力発電所が、あの巨大なツナミを被って故障し停止した。その火力発電所には発電のための燃料の石油タンクが在る。

もしも仮に今回万一にも、地震でタンクが破れて引火し大火災になったとしよう。それが近隣の工場や住宅を、延焼させる被害が在ったという場合、やっぱり未曾有の地震災害とはいえ、企業責任は問われるのだろうか。

一方これまた仮の話だが、対岸にもう一基火力発電所が在ったとしよう。この火力は、運悪くツナミと巨大地震で倒壊し近所の住宅を押しつぶし、一緒に怒涛の渦に巻き込まれ、流れて跡形もなくなった。さてこの場合は、住宅を押しつぶしたのは、火力発電所だ。だが発電所が一緒に流れて消えてしまった。仮にそこに発電所が無かったとしても、現場の状況から見て住宅は当然流失しただろう。

いずれも、不可抗力で在る。だから、多分責任を取れということは出来ないだろう。

それでも、原子力発電所は違うという人が居たとする。

すると、この違うというのは一体何だろうか。

それではもう一つ例示をしてみる。もちろん仮の話だが、災害地の地元で何十年間の安全な工場として事業を行ってきた化学会社で、製造中の青酸カリとかサリンというような危険物が、ツナミで工場とともに一挙に押し流された。それが、何キロも先に流れ着き、偶然にもそこに居た避難民がその液体によって死亡したとする。この場合は、どうだろうか。

原子力発電所も化学工場も、同じ巨大地震とツナミの災害だと考えれば、因果関係は特定出来るが、企業は不可抗力であり責任を取れというのは無理ではなかろうか。それが、公平な判断ではなかろうか。

原子力発電所も、同じ想定外の事故だったとすれば、仮に放射能が漏れたとしても、企業責任を取れということは言えないのではないだろうか。

それでもいや、原子力は別だという意見が出るだろう。何故、別なのか。

多分それは、火力発電や上述の化学工場の場合と違い、唯一放射能が在るからだと主張するだろう。

こうなると、企業責任論では、如何に人知の及ばない未曾有の災害だからといっても、電力会社はどんな場合でも責任を負うべしということになる。

これでは、国民全てが《電気電力漬け》の時代に、脱石油を目指し日本にどうしても必要な、原子力発電事業を推進していく使命を負わされている、電力の事業経営者としては、国が必要な土地を強制収用してでも、大地震やツナミの影響を受けない場所を提供してくれと要請するしかない。電気事業の経営者は、絶対に逃げ出したりはしないはずだ。

私は、もう一つの条件を持ち出すことになる。

それは、国家が定めた原子力設置の審査基準通りに、事業者がその原子力発電所を造り、しかも責任を持った体制で審査が行われ、全ての法的課題をクリアして建設され、運営されてきているという状況下で、今回の事故が発生している。

そうだとすれば、会社側には何の落ち度もないはずだから、もしも責任を問われるとすれば、それは認可し運転を許した側、すなわち国の責任ということではないのか。

だから、原子力委員会会長の近藤駿介がいう通り、許可した基準に瑕疵があったというのが正しいと思うのである。

【立地瑕疵有無説】

第三に、発電所の立地そのもの選定に、瑕疵が在ったかどうかである。

これもまた、判断の割れるところであろう。

先ず、発電所の立地を始めた時期の、会社の考えも立地地点の地域の考え方にも影響するからだ。

もちろん災害が起っても、全く原子力発電所が影響を受けないならば、こうした騒ぎには成り得ない。

事故が発生したから、それが事件になるので在って、事件になったために、そうした危険な場所に原子力発電所を、何故造ったかということが問われるのである。

こうして、この地点の立地そのものが、問題が在ったのに建設したのではないかという疑いが発生する。

立地したのは、例えば今回の福島第一原子力発電所一号機の場合で言えば、この地点のことが、正式に電調審という国の審議機関に提出されたのが昭和四十一年（一九六六）だから、地元と電力会社が相談を始めたのは、さらにその数年前だろう。そうすると、立地選定の実質的な地元との協議開始時期は、昭和三十年代後半（一九五五年）頃ということになる。今回の災害の発生時期との、タイムラグは何と五十年以上ということになる。

立地交渉を始めた頃のリーダーたちは、もちろん居ないだろう。当時生まれた人達が、すでに定年を迎える時代になっている。だから、当時の立地に瑕疵がなかったかどうかを確かめること自体、余り意味がないということに成りはしないか。

仮に、何がしかの問題が議論されたことが在ったとしても、現実に認可されて運転が開始された昭和四十六年（一九七一）からすでに、四十年間が経ち、その間種々の課題が在ったとしても、今回のような巨大ツナミや地震の経験は無かったのだから、当初において立地に瑕疵が在ったという判断は、現在においては言えるかも知れないが、五十年も前の地元の切実な要請の上に判断されたこの地点の立地が、間違っていたということには決してならない。

さらに、先ほどから何回も出てくるが、本来なら東京電力の供給地域に立地すべきだったのに、それが不可能だった。だから、国は東京電力に他の供給地域外に立地するしかないとして、許可している。そういうことを改めて総括してみれば、やはり国の判断に責任ありということではなかろうか。

【国民負担→電気料金負担説】

第四に、日本が他のアジア諸国などを引き離し、戦後高度成長を成し遂げることが出来たのは、間違いなく《電気文明》の力で在るということはすでに述べた。

今回の東北と関東地方の広範囲に及ぶ、地震とツナミの影響で、多くの町や村がひと呑みにされ、工場や事務所と家屋が流された。連絡が全く取れない、もちろん電気が点かない、水道が止まった、風呂が使えない、トイレも使用できない、冷蔵庫も暖房もそれに街路灯も交通信号も無い。

さらに言えば、電源が無いから、携帯電話も使えないし、電池が切れるとパソコンも使用不能だ。という具合で、私たち現代人は《電気電力漬け》になっているという姿が、明白である。

しかも、先ほど少し詳しく説明したように、三十八年前昭和四十八年（一九七三）のオイル・ショックを受け、「脱石油」を掲げ、全国民の要望で《原子力発電所》を、電力会社は造って行ったのだ。しかも、今後の地球温暖化対策の柱が、実は原子力である。

省エネルギーと太陽光や風力などが、当然重要である。だが、今までの石油・石炭・天然ガスなどのCO2を発散するエネルギー源に代えて、大量の消費を賄えるのは結局は原子力発電であり、これを抜きにしては成り立たない。

日本という国は、例えばオーストラリの十五分の一と国土は小さいが、人口は約十倍である。だから、日本国民が使用する年間エネルギー量の何と六割を、日本人は《電気電力漬け》で使用し、電化生活を送っている。

したがって、日本の人口がだんだん減って行くと言われるが、当面この十年ぐらいは一層日本人の《電気電力漬け》の姿が続く。何故なら、今や車までもがハイブリッド車から電気自動車に、切り替わるからだ。その大本は、資源の無い日本に取っては、コストが1バーレル当たり百ドル以上にもなってしまった石油や天然ガスではなく、どうしてもしばらくは原子力発電であると言える。


こう考えると、不慮の災難に遭った、東京電力の原子力発電の《不可抗力的》な事故の影響から生じる損害を補てんするのは、原子力発電が無くては生活出来ない国民ではなかろうか。

極端に言えば、福島第一原子力発電所の堅固な原子炉格納容器建屋の外に在った、非常用の冷却電源設備が十五メートルにも達するツナミを被っていなければ、殆ど放射能漏れという災害の後始末は出て来なかった。

福島第二原子力や女川原子力、それに柏崎原子力などは、それが原子炉の格納容器建屋の中に冷却用補助電源設備が置いてある。だが、残念ながら福島第一を最初に設計して建設したアメリカのGEは、屋外に置いていた。

しかし考えて見ると、建設してから約四十年間以上に亙って、首都圏の国民は、福島第一原子力発電所という《工場》で生産した電力《「KWH」という商品》を、何不自由なく瞬時に購入して利用し、《電気電力漬け》の生活と産業活動を行うことが出来た。

だから、今後も続けて東京電力が責任を持って、公益事業の使命を果たしてもらわねば困る。

よって、国民負担ということで、電気料金の負担増ということにより、不可抗力で発生した事業損実を補てんするのは止むを得ないと考えられる。

【首都圏住民負担説】

もう一つは、首都圏の住民が自分の重要地に原子力発電所を、もっと早くきちんと建設せず、福島県のような遠方に、電力生産のための供給工場の発電所を造らせ、その商品の電気だけを送り届けて貰っているという、昔風のやり方に問題が在るという説である。現代の技術で、地震やツナミの余り影響を受けない所で有れば、放射能の心配を全くせずにこうした発電所を造れるはずである。

それはその他の多くの街工場と同じである。電力の生産工場を経営する、すなわち生産者である東京電力が一般的な事故を万一仮にも起こし、放射能が出るような事件になって地元に被害を及ぼしたのであれば、当然に東京電力は企業責任を果たすべきであろう。その罪は重いと言うよう。

だが今回の事故は、あくまでも不可抗力による事故で在る。

よって、首都圏の住民が生産者である東京電力に代わって、これらの被害補償を行うのが筋ではないか。

《首都圏復興債》などを興して、漁業補償なども含めた補償を行う必要があるという、この説も極めて妥当な論拠が在ると考える。

以上少し長くなったが、企業の社会的責任と企業責任とを踏まえて、「一体会社とは何か」ということを考えて見た。

《3》責任の所在↓正義は何か

以上を踏まえて、こうした自然災害が突然発生し、しかも誰もが想定し得なかったような甚大な被害が広範囲に生じた場合、その責任の所在は何処に在るのか。どのように、それを解決すれば《正義》が守れるのか。

私は、もう一度原点に還って、《責任とは何か、義務とは何か》を考えて見た。

一昨年来、ハーバード大学教授ロバート・サンデルの「善ある正義」が、議論を巻き起こしているが、アメリカ人の正義観念と日本人の正義観念とは、殆どコインの裏と表ぐらいの違いが在ると考えるべきかどうか。

この場合、私は常に日本という国の成り立ちの中で生まれて来たという、特殊性を《企業》という組織の考え方にも、取り入れて見るべきではないかと思っている。

その上で、次のような幾つかの分野での考え方を整理しておくことにする。

〔責任分野別区分〕

〈1〉国、政府、地方自治体（県・市町村・各地域）

〈2〉企業　①生産者

②生産設備製作者→メーカー（日・米の違い）

③工事施工者

〈3〉生産物の利用者→広くは国民

〔商品の特性による区分〕

〈1〉一般的な商品

〈2〉使用状態を誤ると人命に関わるような商品

〈3〉多様性があるかどうか

〈4〉必需品かどうか

〈5〉商品の利用者が特定できるかどうか

〈6〉生産者から流通・消費までの関係者が特定出来るかどうか。

検討材料は、この他にも色々考えられるが、基本的にはざっとこんなところだろう。

(1) 西欧における会社の成り立ちと価値観

先ず、西欧の場合を考えて見る。

十三世紀中葉～十四世紀に掛け、西欧は大航海時代の準備が整いつつあった。ベネチアなど海洋に面した都市では、商人すなわち商業資本が、個人的あるいは家族的な取引活動から、取引の場が国家の境界を超え始め、為替信用取引などを利用した金融市場が急速に発達していく。

こうして、ヒト・モノ・カネすなわち資本を投入した組織的な活動を目指す、いわゆる《会社》という企業組織の成り立ちが始まった。そういう解釈が、一般的に妥当であろう。その会社組織が、王侯貴族やローマ協会などの宗教会などを介して、国家的な組織を逆に育てて行く。企業の近代化に伴い、国家も組織的に改革され、法治国家と成って行った。

だが彼らの結び付きは、あくまで騎馬民族的な個人主義の思想を背景にしており、それは商人による商業資本主義の成り立ちに結び付く。要するに、土地に定着せず、欧州大陸の中の移動を繰り返して、厳しく生き抜く知恵である。契約社会の掟も、この点に基づいている。

このため、足手纏い者は切り捨てて、置いて行かざるを得ない。そうしなければ、全体が滅びる。

だから、信ずる神は天上の一点のみであり、選択の余地は無い。みんなが、自ら雄々しく生き残りを掛けて戦う戦士である。しかし、落伍者を救う余地がある者は、必ず博愛を及ぼすべし。悪事を働いたも者たちも、懺悔して再起を期する神への誓いをする。

この思想が、西欧では今日まで連綿と続いてきた。後述のとおり、東洋の日本との、思想的立脚点の違いは、明白である。

商業資本主義から発した、その後の現代工業資本主義への発展の中で生まれた企業社会、すなわち会社の成り立ちは、よって全ては契約の観念によって処理される。

だから、想定外の事故に関しても、契約が完了していれば多分彼ら自身は事故そのものには無関係というであろう。

ヨーロッパの多くの国から、今回首相の菅直人に再建への協力申し出があるという。しかし、これはあくまでも、契約社会の価値観によるものと理解すべきである。

(2) アメリカ人の価値観

ツナミで事故を起こした、福島第一原子力発電所を設計し建設したアメリカの会社GEから、さっそくトップが遣って来た。われわれは、何でもするので協力させてくれと、東京電力の勝俣会長に申し出たそうである。

その場面に居合わせたわけではないので、伝聞情報に過ぎないが、自分が四十年の昔建設した発電所が事故を起こし、心からお見舞いを申し上げるとは言ったが、すみませんとは言わなかった。

何故なら、彼らは日本側の了解を得、契約に遵って発電所を建設した。だから、今回事故の責任を負う積りは全くない。あくまで商売として、新たな取引きをしても良いと言っているのである。

基本的には、アメリカ人の価値観も、ヨーロッパ人と変わらないのだろう。だが、可なりの違いもある。もう少し、検討して見よう。

彼らの誕生は、概ね三百年ぐらい前で在る。

ヨーロッパ大陸のキリスト教カトリック派を中心とした閉鎖的な国家の殻を破り、自由な天地を求めてはるばる移住して来た、概ね宗教改革派クリスチャンなどを中心とした人達の集団である。

彼らは、広大な土地をそれぞれに確保した個々人が集まり、自らの小市民社会を造り、その小集団の民主的自治により、土地所有の権利を徐々に認め合って行った。

その上で、幾つかの市民社会の集団が集まって、アメリカという国家を創り上げ誕生させた。さらに、その国家が連合してアメリカ合衆国を造ったのである。このように、個人の権利を認め合う、正に《個人主義》的市民社会の理念が、アメリカの土地制度に現れている。

さらに、アメリカは西欧社会のヨーロッパと完全に異なるのは、伝統的な多民族国家であるということだ。多民族集団の彼らは、民主主義を生かして選挙によってリーダーを選ぶ。そのリーダーが、人民の代表としてその利害を促進していく。彼らの会社は、多民族の市民社会が自分たちで生んだ。という考え方が強い。金持ちや資本家は、彼らの誇りであるから、同時に彼ら市民社会に役立つ有能な集団でなければならない。役に立たないと市民社会が判定すれば、企業は消えていく。消えると困るなら、株主や投資家すなわちステイクホルダーから、トップ交代を迫られるのは日常茶飯事だ。

セーフテイネットの測り方も、緊急災害時のボランテイア緊急出動も徹底している。日本人のように、ねちねちとするような処は無い。それに、成功者は、災害救助の時こそ、自己の姿勢を表明し博愛を施して宗教心を発揮する。それが、彼らの文化であり正しい価値観で在り《正義》なのだる。

今もてはやされているロバート・サンデルの《善在る正義》も、正にこの価値観が前提になっていると考えられよう。

(3) 日本人の価値観
——自己研鑽能力の組織的陶冶

これに対して、日本はどうか。わが国の成り立ちは、西洋ともアメリカとも全く異なる。

それは、一言ではなかなか表現するのが難しいが、思い切って述べれば、日本人の国家の成り立ちは国柄を踏まえなければ、とても理解出来ない。「狭い土地に定住しなければならない運命」と「自然の脅威のひっきりなしの襲来」ということである。

冒頭にも説明したが、もう一度その特性の基を取り上げて見る。
私は、改めて次の四つの前提条件を考えて見た。

第一に、地勢
第二に、風土
第三に、無・空からの再生力
第四に、企業力

先ず《第一の地勢》を取り上げて見よう。
地球上何処を探しても、日本列島のような受け身の地形は他には見当たらない。現在では、数百キロ離れた大陸との間に在る日本海は、要衝ではないかもしれないが、古代の日本人に取っては外敵を防ぐ重要な砦であった。

一方列島の反対側は無限に広がる太平洋だが、その太平洋に向かって出て行くのは、何か特別の目的が在る場合以外には、この日本列島の中にしっかりと留まることを教えている。

こうして日本人は、全員この列島に留まり結局基本的には、稲作農業などに携わる。われわれが農耕民族の典型だと思われるのは、この点で在る。

朝鮮半島や中国大陸から遣って来た古代の人達も、黒潮に乗るようにして南の島からヤシの実と一緒に、日本列島に辿り着いた人達も、共に農耕や時に狩りなどをしながら、次第に自らの集団を固めていく。家族的な人間同士の絆が自然に生まれたと判断されよう。

そして、さらに次の《第二の風土》の性質が、個人の自立の前にむしろ《組織集団の原理》を律することの必要性を、この日本列島に住み着いた人達の心と肌に《染み込ませ》ていった。

すなわち、毎年必ず遣って来るモンスーン地域の台風の襲来と、地底の灼熱でドロドロになった玄武岩のマグマが物理的に強烈な運動を繰り返す地盤、という脅威を享受しなければならないのが、この細長い列島に住み着いた人間の風土的な運命であった。

この二つが、お互いに日本人に取っては、どうにも成らない風土条件である。

これは、アメリカ人やヨーロッパ人のような、自立する個人的な人間性ないし精神力を育むことを拒否するものである。

われわれは、この風土条件を何としても克服するためには、人間としての連帯感を持たねばならないということを、長い歴史の中で常に気付いていた。すでに述べたが、《武士道》の奥義はこうして生まれた。長い間、日本の支配層だった武士が創った生きるための哲学であり思想である。

秘伝の奥義を拝受した人間が、新たに《自らの道》を極める手段は、《無》であり《空》である。それは、地震・ツナミで《なゐ→無》になった人間が、新たに厳しい日本列島の中で生き抜く《再生のための知恵→哲学》に通じる。

これが、《第三の無・空からの再生力》である。

それは、《なゐ》と巨大地震・ツナミのことを呼んで、それへの慄きと同時に「《天》から与えられたもの」を再生する責任と義務を果たそうとした、個人というよりも、その地域とその中に住むものが、助け合い励まし合う精神的《絆》の尊さである。

今私は敢えて、「再生のための《責任》と《義務》」とわざわざ述べた。それは、全てを押し流されて《無》になったことからの、新たな再生が組織集団のリーダーに課された責任であるということ。それと同時に、集団内の個々人は、自ら懸命に努力して《再生の義務》が課せられているという意味である。

それには、《絆》というものが家族と地域から発信されなければならない。それが、段々に《和》の組織となって、新たなものを生み出そうとする日本人の精神的秩序に押し上げられた、《武士道》は、こうして完成していった。

こうした考え方が、変わることのない日本文化の《魂》と言われるものである。前述の新渡戸稲造が、武士道の説明の中で日本人に代々未来永劫に受け継がれていく、文化の《魂》と述べたのも同じ意味で在る。

それは、決して欧米の個人主義的な発想とは違う内容となって、今後一層高められていくだろうと考える。

そして《第四に企業力》ということを考えて見た。

もちろん、わが国で企業力すなわち《株式会社》という姿が発生したのは、明治維新の折からである。

しかし、そうした資本市場の発達以前からわが国では、いわゆる《〈技《わざ》〉の伝統を組織的に伝えるという〈ものづくり〉》の集団が生まれていた。多くは《組》と称する強固な、伝統的な制度である。

しかしそれが、欧米のように個人主義的な発想にならなかったのは、あくまでも《天の采配》という、これこそ伝統的な「日本国という全体」を、みんなで支えて行こうとする《連帯感》であり、別の言葉でいえば《分かち合いの共同精神》が在るからだと、私は考えている。

われわれ日本人は、あくまで土地と自然を守ろうとする「農耕民族」という出自の伝承を、《企業は永遠であるという考え方》によって、今後とも懸命に求めていくことになると思う。

さて、企業経営に取って、ITとグローバリゼーションがこれからの21世紀にも、多分変わらぬ国際的な前提条件の基本だとすれば、いったいわれわれはこのことをどのように克服していくべきかを真剣に考えなければならない。その前提には、欧米の企業を動かす人間の価値観が、あくまで個人主義的に組み立てられたものであるのに対し、わが国の企業で働く従業員の価値観は、欧米の場合とは、大きく異なってくるものと思われるからである。

しかしながら、欧米企業の場合であろうと日本の企業であろうと、企業は利益を生まなければならない点では一致している。利益を生むため、ITとグローバルな市場競争に打ち勝ち生き残るには、その企業から《常に新しさ》が提供されなければ競争には勝てないということも、おそらく一致している。

すなわち、新しい商品の価値が維持され、競争相手に勝てる時間差が益々ITすなわち情報化の進展によって、限られかつ短縮されているからだ。

モノによっては、昨日の新商品のノウハウが、翌日はすでに通用しないという時代である。変化のスピードが、すべての市場価値を高めていく。経済学者の岩井克人は、そのために企業は如何に優秀な人材を、社内に留め置くかが勝負だと述べている。

何処にでも通用するような《優秀な人材》ではなく、その会社以外では使い物にならないような、しかしその会社では常に《新たなもの》を再生産してくれる、要するに《価値ある人材》をどれだけ多く確保しているか、それによって企業の競争条件に差が出てくると述べている。《その会社以外では使い物にならない》、ということがミソである。

欧米のビジネスマンの価値観の基本である「個人主義」の考え方では、待遇や賃金の水準によって従業員は激しく移動を繰り返すだろう。他には使い物にならない人材を、抱えるためには、相当な待遇を与える必要がある。それも、社内に留め置きたい人材は、競争相手によって簡単に打ち破られる。岩井克人がいう通り、欧米流の市場経済の原理は正にこうした「新しさ」の追求を価値基準として動いている。しかも、この原理がＩＴとグローバリゼーションの帰結であるなら、日本企業もこれをとり入れるしかない。

しかしながらこうした原理を取り入れながらも、わが国の場合は、基本的には会社の伝統・創業精神への従業員それぞれの共感が、そこに生まれる家族的な《絆》によって、本人の連帯感や《和》の心を生むかどうかに懸っている。

私どもは、その企業に一心同体となって埋没しても良いぐらいに、いわゆる《企業人間》に成り切っている。

従って日本の会社は《その会社以外には使い物にならない》人材の確保と言う点では、基本的にこれからのグローバル化に対応出来る組織的能力を未来的に、むしろ十二分に備えていると私は考えている。

【自己研鑽能力の組織的陶冶】

このように日本の企業は、欧米型の企業の成り立ちと経営理念とに、根本的な違いが在ると認識している。

その基本には、述べて来たように《天》は不変であり、そこから拝領した社会に役立つものとして認可され、事業を拝受拝領した会社は、経営目標に向け永遠に努力する責任が在り、従業員一人一人は新しいものを生み出すよう頑張る義務が在る。

特に文明を追求し、アジアの中で最も早く電化を実現して、《電気電力漬け》になった日本人に、品質の高い電気電力という商品を提供している電力会社、例えば東京電力は、過去長い間に亙って地域の市町村と共に、常に社会的責任を十二分に意識しながら、各家庭や各工場・ビル・事業所などに電気を供給販売して来た。

今電気が使いたいときに、使えないということが生じてはならないということを基本に、従業員は何よりも、こうした公益事業者としての責任を果たすよう徹底的に訓練されてきている。

その自己研鑽の態度は、それこそ従業員個人の義務であり、何よりも重要だと認識してきている。

同時に、事業に尽くす義務が在ると、常に教育を徹底的に受けている。

偶々想定外の大地震とツナミによって外部電源が止まり、二次災害として放射能を漏らした福島第一原子力は、自ら生産した電気電力を販売する地域の外に在るが、地域社会に信頼される発電所の運営をしなければ、事業はもちろん継続し得ない。そのために、砕身の義務が在るという心掛けを、常に持ち続けている。

また地域住民の方々も、東京電力の事業を信頼し地域と会社が共存共栄を図ってきた。その経営活動の構図は、四十年以上に亙る相互信頼の上にしっかりと築かれてきた。それこそ、地元の方々と家族的な《絆》を築いて来た。

ところが、全く思いもよらぬ未曾有の地震とツナミが押し寄せて、残念ながら放射能漏れの二次災害が発生し、地域住民の人達に多大の迷惑と心配を与えてしまった。

だが脱石油、省エネルギーのために、原子力発電をメインの電源にしていくという志向を、国家として追及する日本の立場は、今後とも変わらない。むしろそれどころか、益々これから数十年の間は高まって行く。

そう考えれば、電力会社の従業員は地元地域社会との協調協力の《絆》を一層深めていく必要が在る。

県知事をはじめ、地元の関係者は地域住民と共に、東京電力の発電所の存在について、今回の事故を乗り越えて是非とも日本国という、自分の国の貴重な電気を生産している工場を会社と共に、守っているという誇りを持つように努力して貰えないか。

天皇陛下にもご心配を掛けたが、何十年かに必ず遣って来る巨大な地震とツナミで、今回奇しくも《なゐ↓無》に成らずに《天》が遺してくれた貴重な原子力発電所という工場を、新たな高い技術とマネジメントで、安心安全なものに会社が務めてくれるように、政府も行政も含めて働きやすい環境を創ってくれること、それが極めて重要である。

【この章のまとめ】

本章の狙いは、如何に日本人の歴史的な価値観が、特に欧米人と異なるかということ。

その原点が、日本全国いたるところで発生する、今回のような巨大地震と恐ろしい魔力を持ったツナミから、全てを奪われる《なゐ→無→空》ながら、そこから人々が自力で再生するという姿を深く反映したものであることを述べた。

実は、その再生する力は、日本人のすごい精神力と知恵である。

その典型的な事例が、今回のような自然の脅威を常に受けながら、しかも世界一とも思えるぐらい《高度な電気文明文化》の国を創り上げている姿である。

日本は、電気電力の文明度を明治維新開国の初手から、高めていなかったらここまで世界に雄飛することは出来なかった。

【この章のまとめ】

エネルギー資源の無い日本が、何故それが可能となったか。

その象徴が、地震とツナミの激しい地勢を踏まえて、脱石油を目指し営々と創り上げた原子力発電所の推進で在った。

今回巨大な地震とツナミという三万人近い死者行方不明者と何十万人もの住家を奪った魔力が、原子力発電所にも襲いかかり、放射能が漏れる事故が発生した。

しかし地域の方々のご辛抱と協力を得て、何としても原子力を再建する必要が在る。そうした戦略を持ち続けなければ、多分この国は衰退の一途を辿るしかない。

小宮山　宏が言う通り、後五十年ぐらい経つと原子力を利用しなくても、日本人が自由に使えるエネルギー源が出てくるだろう。

しかし、今のところ石油や天然ガスの購入価格は、百ドル／バーレルを超えたが、残念ながらもっと高くなる覚悟が要る。だから、資源エネルギー源を持たない日本人は、どうしての原子力エネルギーに頼らざるを得ない。《電気電力漬け》で毎日を過ごしている日本人は、自然エネルギーすなわち水力・太陽光・風力・潮力・地熱・バイオというようなものだけでは、幾ら一生懸命に開発しても、全体の十分の一にも成れば良い方だと思う。

原子力で少なくとも四〇～五〇％、残りの四〇％ぐらいを、私どもの省エネルギー活動と、ＣＯ２を極端に削減する技術を投入した石炭・石油・天然ガスなど化石燃料に依ることになる。

第四章

日本の風土／国土を守る構想力を育てよう

すでに、種々述べて来た。再度取り上げて恐縮だが、ここでも物事を進める際の《戦術戦略思考》ということに、触れざるを得ない。

いみじくも今回の地震・ツナミ被害対策に、首相は自ら「原子力災害対策統合本部」を設置し、その本部長に就任した。「統合本部」というような言葉は、正に軍事用語である。もちろん世界に発信された訳語も、陸軍など軍隊が使用する言葉だった。

だから当然、統合本部のトップ、本部長の首相は戦術戦略を考えて、内閣他各省庁や県知事、それに民間人を含む全軍に、的確な指示をしなければならない。

以前私は、或る経営論を書いた時、日本陸軍の創設に当たり日本に招いたお雇い外国軍人、ドイツ陸軍の将校「メッケル」という男のことを書いたことが在った。

このドイツが日本に派遣した人物が、二流ないし三流の人物であったことが災いして、その後日本陸軍は海軍に対し常に機動力にもまた戦局の見通しにも劣っていたと言われる。

その主な理由は、何か。

このメッケルは、「戦術」こそ、軍隊の指揮官は重要視すべしということに徹して、日本陸軍の指導教育に当たったということに尽きるという。

すなわち、軍事展開においては、彼我の戦力だけではなく、経済力、資源力、その戦闘地域の地勢、自然状況、気候、地域の民族性や文化などあらゆるものを総動員して、戦略を練ること。その上で、各師団の配置や相手に対する攻め方、偵察の仕方、攻撃の時期などの戦術を考えると言うのが常道である。

そうしたことを、メッケルは殆ど教え無かったというのである。

私は、つい今回の状況を見ていて、このメッケルのことを思い起こした。戦術だけでは、国を守る構想は描けない。

【1】政治の失敗、メディアの失敗

すでに明白なことだが、これほど時の首相の発言や行動が、世界に対する日本の姿や内容に影響することに、いささか驚いている。

一つは、世界の関心事が、あの巨大なM９という地震とツナミの恐ろしさと影響力などよりも、どちらかと言うと今現在でさえ、日本の原子力発電は大丈夫かという捉え方をしていることだ。

世界的にも今まで、フランスやアメリカやロシア、それに韓国と比較しても、日本の原子力技術というブランドはずば抜けて優れているという評価だった。

それでも民間中心の日本のビジネスは、外国勢になかなか勝てない。官民が一体となっての、売り込みが出来ないわが国の政治力が弱いと言われてきた。

そこで漸く、原子力発電の輸出については、政官民が一体となってベトナムや中東の国々などに、交渉展開を積極化し始めた矢先で在った。

だが、今回のトップリーダーの初動には、こうした今までの苦労を何とか生かすため、事故の事実は事実としても、その影響を最小限に留めようとする意図や意識が全く見られない。

無防備とさえ言える。このため、日本ブランドは、最低のマイナスブランドになってしまった。

わが国のメディアが提供したものを基に、この世界の政治やメディアも、福島第一原子力発電所の状況を、微に入り細に入り追及し報道することに大きなエネルギーを注いでいる。この状況は、とても正常な神経とは思えない。正に日本タタキ、日本壊しである。

世界一の優秀な原子力発電所によって支えられていたはずの日本の電力会社が、このためにあっという間に「危険な国の象徴」のような存在になってしまった。

途中から、日本のマスメディアの報道がヘッドラインはもちろん、中身も含めて最初の三週間は、福島原発が最重要事項として扱われていた。よって、ワシントンポスト、ウオールストリートジャーナル、ヘラルドトリブーンなどという海外のメディアも一面記事を続けて書いた。

フクシマが、3・11以来それまでトップ記事の、カダフィの中東戦争ニュースをすっかり追い出してしまった。

これだけ騒がれれば、日本から外国人が逃げ出すだろう。

私が毎週上京して泊まるホテルも、あの事件の前後では、全く異なっている。あれだけ大勢、朝食の食堂が満杯だったのに、最近は数名のしかも日本人が、静かに過ごしている状況である。

具体的なことは避けるが、首相が在る時期に災害地を視察するのは仕方ない。だが、事件発生の直後にわざわざ原子力発電所の現場に駆け付けたことが、日本のマスメディアだけでなく、世界中のメディアを強いて《原子力事故》という点に、凝縮させてしまった。

しかも超巨大なM9という地震と魔物のような十五m以上のツナミによる未曾有の災害に遭遇した原子力発電所が、しっかりと耐えた事実は、消えた。

それどころか、《放射能災害という事件》に首相の軽はずみな言動と行動が、引き揚げてしまった。

それでも一言「原子炉は安泰だ。後は東京電力に頼んだ。それよりも大勢の何万人もの方々が、ツナミで亡くなられているようだ。その救済に全力を傾ける」と言うぐらいの、戦略的発言が欲しかった。

そういうことを、素早く取れる配慮が必要だが、それが抜け落ちていた。

この重大な戦略の誤りに、多分首相と首相を取り巻く人達は殆どというより、全く気付いていないのではないのか。

こうした、彼らの世界をカン違いさせた日本の損失は、極めて大きい。

むしろ首相は、こうした機会を捉えて国民に向け、今後の日本の風土／国土を、どうすれば《なゐ→無》から再建し守れるかを、真剣に考えて貰いたい。

それも後で述べるが、基本は企業の経営者と地元民で在ることを、忘れないで進めなければならない。

学者は、それを組み立てアドバイスする役割はとても重要だが、全てを頼り切るような姿勢では、事はうまく運ばない。

【2】原子力発電を風化させてはならない

日本人も、勘違いしては困る。

あれだけ大騒ぎされると、とても原子力など今後は作れないだろうと、全く普通の日本人が言うようになってきた。

タクシーに乗っても運転手さんが、そういう会話を好んでする。同時に、広島や長崎の原爆を思い出すともいう。それにヨーロッパのチェルノブイリみたいなことになるいと、大変ですよね、などとも言われたりする。

これは正に、マスメディアの報道の影響で在る。

一昨年、民主党政権が誕生する直前の総選挙の折の、運転手さんの会話は、民主党に一回遣らせてみたらどうですか、自民党もだらしないですからね。そういって、多分みんなが民主党に期待した。その民主党が、全く期待を裏切り続け、参議院選挙で敗退した。

このように、マスメディアの影響は、誠に大きい。

すでに述べた通りで、資源の全くない日本には《電気電力漬け》のエネルギーを得られるのは、原子力発電所を抜いては考えられない。

これからは、むしろ是非みんなで、地震や特に魔物のようなツナミに襲われるようなことが無い場所に、原子力発電所が建てられるように協力して貰いたい。

もちろん電力会社も、一層技術力とマネジメント能力を磨き高めて、国民の期待に応えられるようにすべきだ。それが、《風化》を防ぐための重要な手段でもある。

六十六年前の終戦三日前のことだが、勤労動員でブリジストンのタイヤ工場に勤務最中に、私の街福岡県の久留米はB24の猛烈な爆撃を受け、完全に目の前から全てが無くなり廃虚と化した。

多くの友達も含め、沢山の人達が戦禍に遭い亡くなった。私の親戚も、半分以上亡くなった。

それでも、未だ中学二年だった少年たちまで、大人（といっても男は大概戦争に行っており女性が多かったが）同様に必死に夏の照りつける太陽の下で、それこそパンツ一枚で再建に取り掛かり、半年後にはなんとか街が蘇ったのを覚えている。そういう実感が在る。それを思い浮かべながら申し上げるが、是非福島原子力発電所の現地の知事さん以下、放射能で散々苦労しておられる状況は、察して余りあるものが在る。

だが、種々述べたように、四十年以上に亙り信頼の絆を分け合って来た、東京電力の職員は、あなた方の同士で在る。そう思って、是非我慢して、ご協力いただけないだろうか。東京電力の発電所も、未曾有の被災者だということを是非考えて貰いたい。

これは、公平に国民の一人としての著者の判断で在る。

原子力の火を利用しなければ、日本はこれから益々繁栄出来なくなることを、冷静な目で国民に考えて貰いたいと思う。

【3】国益を考えない情報化は国を滅ぼす

今回の災害における、日本のマスメディアの取材力と報道力は、世界でも最高レベルだという人が居たが、その通りだと思う。

しかし報道の技術なりテクニックが優れているということと、その報道の仕方や内容が妥当かどうかは、また別の判断が要る。

私は正直言って、国益に反する報道が相当にあったと思っている。

日本は正に開かれた自由民主主義の国であり、全ての災害の事実をメディアに提供して、情報を素早く国民に届けるのはとても良いことだろう。その原則的判断に誤りは無い。だが、国家の情報は、良いことも好ましくないこともすべて、メディアに乗れば世界中にそのまま広まる。

先ほどのべたように、総合戦略の無いトップの判断が、《日本は危ない》という既成観念を創り上げてしまう。

こうした点を、これからの政治は、十二分に考えて貰いたい。

何度も言うようだが、利己を捨て国益を考える政治で在ってもらいたい。国益を守るのを第一義にした日本のマスメディアであってもらいたい。

その上で、是非とも日本の風土／国土を守り、発展させるにはどうすればよいか、それを考えるには大変良いチャンスでもあると考えるべきではないだろうか。

【この章のまとめ】

会社すなわち企業のトップは社長だが、同じく組織体として国家を考える場合は、その国家行動の実行責任者は、天皇からその人格を拝受した内閣総理大臣すなわち首相である。よって会社の場合と同様に、全ての利害関係者（ステイクホルダー）に対し信頼ある行動を企業経営が行っていることを、あらゆる場面で示すように社長は心掛けることになる。

このことを、国家の代表責任者である首相に当てはめれば、首相も同様にあらゆる関係者に信頼を得るように努めることが大切である。

そうだとすれば、彼は日本国家の基本的成り立ちが、今回のような大変な災害を受けた時、日本国の全国民が心配しないような万全な措置が、取れていることを素早く説明する必要がある。

同時に、海外各国の首相たちに対して、災害の事実を示し同時に災害個所はあくまで局部的であり、決して日本全体に被害が拡大されるものでは無いことを、はっきりと報道官などを通じタイミングよく行う。

こうした、基本動作が必要である。

だが今回、果たして菅直人首相が、こうした基本的な対応をしてきたかどうか、そこが大変疑問であった。

そういう意味で、本章の結論は何時の時代でも同じだが、トップは国を背負っているという必死の覚悟が要るということを述べたかったということだ。私は、正直言って首相や内閣の要人たちにそんな覚悟が在るとは、とても思えない。

むしろ、利己心で動き自分の力を過信して、世界からもまた国民からも信頼を失いかけているということを述べたかった。

第五章

強く賢い日本人を育てよう

【1】日本の歴史を再認識すること

第二章および第三章で述べたように、わが国は連綿と続く組織社会である。

その日本列島の風土、地勢を踏まえて考えれば、正に火山列島、地震列島である。しかも毎年やって来る台風と、不意に襲い掛かる巨大な地震と魔物のようなツナミを受けながら、地域社会の連帯と絆で、《なゐ→無→空》から、常に再生して来た。

そのための、思想哲学を中世の頃から《武士道》というかたちで、理論づけし、古来の神道・仏教・儒教の力と結び付けて、日本人の倫理道徳を確立してきている。

明治維新もさらに戦後の敗戦も見事に乗り切った、賢く強い日本人が、ここまで発展出来たのは、日本の有能な技術者と企業経営者が、文化文明の重要な手段である《電気》を、いち早く近代産業に活用して来たからである。

電力会社は、殆どアメリカと同じくらいの時期から、私企業として発達し、市場競争を資本主義の原理にのっとり展開し、戦後の公益事業としての役割を打ち立てている。

特に重要なことは、戦後の経済発展において極めて貴重な役割を果たしたのが、電気電力の活用に依ることだ。

東京電力を始め、地域に根差した全国の電力会社は、それぞれに地域と共に、世界一停電のない信頼度の高い良質の電気電力という商品を、全国民にそして企業に満遍なく生産し供給して来た。

別の言葉でいえば、《電気電力漬け》になったから、日本経済は世界に秀でるものに成長していったということである。

その電力が、オイル・ショック以降石炭・石油・天然ガス中心から、脱石油により《原子力発電推進》に進まざるを得なくなった。国民の要望として、危険な放射能の封じ込めを技術的に克服し、拡大生産を続けている。少なくとも、原子力に代わる有力なエネルギー源が発見されるまで、地球温暖化抑制の重要な切り札としても活用されていくことになる。

その原子力発電所の一つ、福島第一原子力発電所が今回のツナミ災害を受けた全発電所の中で唯一、外部電源の障害を起こし、このため放射能漏れの二次災害を起こしている。

だがこの不幸を何とかしなければならないが、その上で今後ともわが国の重要な電源として、CO2対策をも含め原子力発電を、維持発展させていかねばならない。

こうした歴史の上に立って、経営者はもちろん政治のトップも判断し、世界に示す、総合戦略を是非とも推進してほしい。

このこととの関連で、私は今の政権の考え方は、とても正しいとは思えない面が在る。それは、電力会社の社員や経営者は、信用できないというような雰囲気で、原子力問題に現政権が当たっている節が見られることだ。

ある東電社員が、おどおどした口振りで「とても外部、特に役所などとの連絡は、自分の業務に関することとさえ、一切勝手にしてはいけない、という指令です」と電話口で述べた。何故だと聞いたら「全て監視されています。電話してることが分かったりすると、すぐに監視者が飛んで来て、『何処に電話したか。用件は何だ』などとチェックされます」というのである。一瞬、これはひどいと思った。映画に出てくる囚人の監視を思い出した。電力会社の社員を信用するな、役人も信用出来ないという、首相が電力会社本店に乗り込んだ「総合災害対策本部」の実態の一部だ。監視人は多分若手議員か秘書たちであろう。こうしたやり方で、会社の従業員がどんな精神的ダメージを受けているか、首相以下政府は分かっていない。これからも、首都圏の電力を世界一の安定度で供給してもらわねばならない人たちだ。木川田も土光も平岩も、きっと草葉の陰で泣いているに違いない。

【2】経営者がリードする世の中を目指そう

私は最近、元東大総長の小宮山　宏と《TM研究会》（2050技術・マネジメント、知の育成研究会の略称）を立ち上げた。そうして、「長期ビジョン」など三つのテーマを、それぞれ研究する委員会を作った。

その委員会のトップや主要役員には、敢えて企業の経営者に就任して貰った。その理由は、以下の三点である。

第一・本当の情報を持つ者が、今までの長い歴史の中で、常にリーダーであった。これは日本だけではなく、世界の歴史が示している。

第二・現代のITとグローバリゼーションの世の中では、過去とは全く価値観を変えるべきだ。情報スピードの早さが違う。

第三・過去においては歴史的にも政府と学者が情報を持っていた。よって、リーダー政治家・役人・学者で良かった。だが、現代は民間経営者が得た最新の情報を基に、学者がその理論を組み立て或いは新しい技術を開発して世の中に貢献するということになっている。こうした意味でもっと、企業の経営者が政治に直接関与する方向に持っていくのが、本来の姿になっていくべきだ。

こうした考え方を取らなければ、本当の意味の政治は行えない。

現政権を司る首相は、今回の震災後の復興対策に《原子力対策も含め》殆ど全てにおいて、民間人と役人は信用できないという趣旨だろうか。

大勢の専門家と称する学者などを《内閣官房参与》として任命した。読売新聞などに依ると、その数何と五十名近い。

実際に事件に遭遇し、或いはこれからグローバルに事業を再開しなければならない、少なくとも経営者を度外視して《震災復興会議》のようなものを遣っても、結局は課題や問題点を含め民間事業者に聞かないことには、情報は得られない。

学者の分析とか意見は、こうした企業経営の生の体験とか考え方が在って、はじめて生かされるものだ。


首相は、関東大震災の経験や、十五年以上前の阪神淡路大震災のような、復興会議を今回も立ち上げ、再建策を検討することにした。

しかし、そのような会合をわざわざ作らなくとも、例えば日本経団連の米倉会長と緊急に相談して、経営者である経団連や、或いは商工会議所との連携を密にし、中小企業対策に専念すべきではないのか。

復興計画は、地元の知事に任せるべきだ。それこそ《なゐ↓無》から立ち上がる術を発揮するのは、地元の人達であり、今さら首相が昔のように大談義をして遣るほど、世の中はのんびりしていないのだ。

阪神淡路大震災からでも、すでに十五年も経っている。参考には成るだろうが、情報化の状況も、産業配置の実態も、さらには海外事業との組み立ての仕方もまるで違っていよう。

結論として述べれば、民間の経営者を信用しないという態度の政権こそ、信用できない。早くそういう政権は、交代して貰わなければ日本が危ない。

民間経営は、生きるか死ぬかの市場競争をしていながら、地域社会にどう貢献するかという社会的責任を果たそうと頑張っている。

ところが、今回の約四、五百㎞にも亙る地域に展開していた中小企業が、殆ど全滅した。しかも、あらゆる業種に渉っている部品工場が潰れた。すると、その部品が無いため、その部品を一部に入れて加工する静岡県の工場は、その僅かな部品のためにラインが止まった。こうした影響は、関連工場で次々に出てくる。

私が関係している企業でも、概ね生産を一割減らさざるを得ない。

その上で、今後の経営計画を立てる準備にすでに入っている。すると、従来の被災地に在った（今回無くなった）子会社を再建するか、或いはいっそのこと全て海外にシフトしようかということになる。

こうした事業相談が、すでに半ば進んでいる。復興会議なんて待つ暇なし。地域計画も、県知事が主体的に進めて行くだろう。

復興会議の議長になった五百旗頭真や御厨貴、それに慶応大学学長清家篤など、実に立派な人材であるが、もし彼らに首相が諮問するなら、自らが招いた初動の失敗をどう修復するか、そういう点にポイントを置くというなら大変良い結果が得られよう。

いずれにしても、これからも息長く原子力発電所を運営しなければならない電力会社を、信用してこそはじめて今後の経営改革が、本格的に進むのではないか。

首相は、今年初スイスのダボスで演説した際、仲間の絆（ボンド）を強調したそうだが、相手を信頼することが、絆の基本であろう。原子力を実際に掌る電力の経営者こそ、仲間ではないのか

【3】賢く強い日本人になろう

危難の時には、利己に拘らず現状をしっかり認識し、その上で全体を良く見極める。そういう平衡感覚を陶冶した人物が、とても必要だと思う。

このためには、日本という国の成り立ち、すなわち歴史を学ばねばならない。歴史の前提には、この国の地球上における地勢と風土の特徴を踏まえることが、重要だ。

内容については、すでに詳しく述べたのでここでは省略するが、特に強調したいのは、日本人が日本列島という特殊な自分の地勢や風土の条件を踏まえて、今日まで《賢く強く》生きて来たという点である。

その中で、私は次の二点がこの本のメインの軸足にした、余り知られていないことではないかと思う。

第一は、《なゐ→無》からの再生ということ。

日本列島に住むわれわれは、先祖代々地震・ツナミ・台風などの災害によって、すべてが《なゐ→無→空》になるという運命を背負っているが、それを何とかして再建し伝統を遺していこうとする知恵を持ってきたことである。

武士道や、そこから出てくる組織的和の精神や絆、そして仁義礼智を踏まえた正義感などは、正に日本文化であり日本だけが持つ思想であり価値観であること。

第二は、《電気電力漬け》が日本の力ということ。

明治開国に当たって、素早く西欧文明に触れた日本が、電気・電力という新たなエネルギー手段をいち早く身につけたことである。

それが、東洋一の先進国としての国家を築きあげることが出来た基本的要因である。電化・自動車の世の中でも、パソコン・携帯電話の世の中でも、日本が優れてトップ産業を生み出し続けられるのは、《電気電力漬け》になるほど超安定した電気事業を持っているからだ。

その電気事業の力強さは、元々沢山の私企業が全国的に乱立し、激しい競争を繰り返してきたことに依る。

オイル・ショックを脱石油・原子力推進で乗り切り、日本経済がＩＴとグローバリゼーションにも耐え抜いてきているのは、停電の無いしかもサイクルや電圧が極めて安定している、世界的にも稀な電力網が、各電力会社の協調により、全国に展開されているためだ。発送変配電分離が無い、一貫生産運輸システムが完成しているから出来ていることを忘れてはならない。

グローバル化と称して、日本の力を弱める外からの力学が働いていることも、トップは見透かしてもらいたい。

このような素晴らしい国家の維持発展のための基本は、こうしたことを賢く力強く支える、これからの人材の教育である。

災害からの生ずる《なゐ→無》からの再生の精神力、その基礎に横たわる家族の絆、武士道から来る日本文化の伝統精神と組織の和、会社は永遠という日本の伝統思想などを、これからも維持していく必要が、今回の国難とも言われる災害を経て、大変高まっている。

政府が考える復興会議には、単に若者の教育というような断面で無く、むしろこうした日本人全体が、賢く強く生き抜く知恵を分かち合えるような、教育システムを導入することを、真剣に検討して貰いたいと思う。

あとがき

誤解が在ってはならないので、申し上げておくが、私は現政権の首相以下の要人の方々とは、全く付き合いも何も無い。というより、前政権の人達も同じく殆ど知らない。だから、個人的な感情とかいうことは、これまた全く無い。要するに政治家や官僚の方々とは、殆ど付き合った来なかった。

したがって、そんな男が突然どうして、現政権の緊急の政策を非難するような本をわざわざ書いたのかと訝られるだろう。或いは、この男はくだんの東京電力に居たから、やっかみで現役を弁護していると思われるだろう。

思われても仕方が無い、実際に東京電力に居たのだから。だが、私は決して東電に頼まれても居ない。またもし、事前に相談していたら、極めて真面目で優しく大人しい後輩たちは、書いてくれるなと言っただろう。では何故書いたか。

それは、私も学者の端くれ。同時に作家でもある。その心の正義感がどうしても、黙っておられないと筆を取らせたからだ。

正義感の発露には、理由がある。この本を財界誌の村田社長に相談して、今こうして社会一般の常識を持った方々に読んでもらいたいと考えた理由は、概ね次の四点である。

第一は、如何に日本には原子力が今後とも必要であるかを理解して貰わねばならないと思ったことだ。それが、私の義務だと考えた。

第二は、今回の災害時に首相の初動が、世界中に日本は危険だと思わせたことの間違いを指摘したかったことだ。

首相は国難に際し、総合戦略と戦術を泰然自若して考えねばならなかった。わが国の回りには、未だ終戦処理さえしていない国、交流を完全途絶し、何時攻めてくるか判らない国、情報を制限し今や東洋の覇権国になろうとしている国、日本を経済力で追い越そうとしている国等が渦を巻いている。

そうした中で、M9という超巨大地震とツナミという、世界中誰も考えなかったような災害が発生した。その中に原子力も含まれているにも関わらず、首相は原子力だけは別だという扱いをしてしまった。この勘違いが、日本の今後の防衛や外交戦略市場活動などに取り、大きなマイナスの情報を与えてしまった。そうした、認識がというより、国家戦略が全く無く利己的な感情や戦術だけに、首相は走ったとしか思えない。そうした、重大な問題を指摘したかった。

第三には、現在もまたこれからも、民間企業の経営者こそ、国家の重要な存在であり、リーダーとして活躍して貰うべきだと思っている。それを、首相は否定するような行動を取っている。そこが問題だと思った。

民主主義と電気と企業社会とで成り立っているのが、今日の日本である。民間経営者と社員を信用しなければ、国家と国民は守れない。

さらに第四に、政治のリーダーは是非とも、祖先の人たちが何故ツナミのことを《なゐ↓無》と考えたか。それこそがこの地方の人たちの再生への真剣な願いを込めた価値観で在り、また日本古来の武士道や日本文化と日本人の価値観にも、しっかりと結び付いていることを理解して貰いたかった。

概ね以上の四点が、急ぎ老いの一徹で書いてしまった理由で在る。首相はもちろん、多くの関係者の皆さんに、国を想って是非一読願いたい。

著者

《あとがき追記》

この本には、わが国の国家再生のビジョンについては、全く触れていない。今回の大災害が無くとも、首相自ら第三の開国を目指すと述べていた。現政権の前の、自民党政権においても中身は別として、目指す言葉は殆ど同じであった。そのことが、今回の重大事件の発生を踏まえて、一層必要になったと言われ出した。

先の大戦後半世紀以上経ち、若々しい日本国の姿が全く消えている。今では、人間に例えれば《初老》どころか、もはや言葉は悪いが《後期高齢》の老人病を患っているような、日本人の姿のようである。

よって戦後からでさえ、約六十年間に積りに積もった既得権益を守ろうとする悪弊を、規制改革によって達成する必要がある。政治家自らの政治制度はもちろん、最大の課題である特に中央行政の徹底改革を行うべきである。農業・林業や郵政その他公的機関も同じである。

また私企業である電気事業の、今後に必要な改革などについても、この本では触れていない。私は明治の創業以来、営々と積み上げて来た電気事業の私企業一貫体制は、絶対に変える必要は無いと主張する。発送配電一貫体制でなければ、安全安心の電気はつくれない。

だが、全国民全産業が《電気電力漬け》になっていることを考えれば、電気電力の生産工場で在る《原子力発電所を含む多くの発電所》は、益々国民すなわち地域住民と共に、それこそ地域社会と共に「共生」していかねばならない。

福島原子力発電所や広野火力発電所などの悲劇の一つは、この発電所で生産された電気が、全く発電所の地域の人達には利用出来ないという法制度になっていることだ。極端にいうと、それらの各発電所が事業用に使用する電気も、自分の発電所で生産する商品であるから勝手に地域の人たちには売れない。それは、果物屋の主人が自分の店先の果物を勝手に家族に食べさせたら、窃盗罪になるのと同じ理屈だ。

しかし、商品を売るのに、その地域の人達には売れないという理屈は、この際見直すべきではないだろうか。福島第一発電所の所在地の市町村は、それこそ東京電力の電気を販売しても良いという、「供給特区」にすればよいではないか。そうすれば、住民と発電所がむしろ東京の住民に一緒に電気を売っているという、協同意識が芽生える。もちろん、お互いの絆も生まれてこよう。

ほんの一例にすぎないが、こういうような地域密着の新たな法制度の改革を、政治は目指して貫いたい。

さらに、復興構想会議の委員の方々にお願いしたい。本文でも述べた通り、原子力発電所をすべて東京電力の供給区域外で造ろうとせず、是非とも今後は一つでも二つでも良いから、自分たちの区域の中で立派に建てようという議論を正面からしてもらいたい。それが出来ない日本人は、今後海外諸国から本格的に信用されなくなるだろう。フランスは、なんとセーヌ川のほとりに原子力発電所を建て運用している。海外にも積極的に輸出しようとしていた日本の原子力発電所を、堂々と首都圏に造るという賢く強い日本人になってもらいたいと考える。

もし、どうしても供給地域内には原子力発電所が建設出来ないというなら、巨大になり過ぎた東京や首都圏の一極集中を、日本列島全体に分散することが、「電気電力漬け」の姿が変えられない以上、最も重要なことではないだろうか。

政治家が、東電の放射能漏れを、経営の失敗ないし原子力技術の過信によるものだと糾弾し、関係者の責任を追求するのは易しい。しかし、こうした責任追及者の人たちに是非考えてもらいたいのは、四、五十年前あなた方の先輩が、地震やツナミの来る場所に、どうして造らざるを得なかったかということである。東京の人たちが使う電気電力を生産する発電所を何故、供給地域以外の場所に造らざるを得なかったかだ。もしも、もっと安全安心な場所に建設出来ていれば、こんな大変なことにならなかったはずだ。

日本に今や原子力が必要なことを否定する人は少ない。殆どの人は、どうしても必要と考えている。それならば、責任を過去のことになすり付けるのではなく、是非今回の不可抗力に近い未曾有の天災にもどうにか耐えることが出来た科学的知見を生かし、今後、安心安全の原子力発電所を造っていくことを、真面目に政治の責任として追求していくべきではないかと思う。

原子力技術を過信してはいけない。しかし、四十~五十年前「原子力は必要だが、放射能が怖い」と言って、日本国民その代表である政治の方針が、どうしても供給地域以外のところに、原子力発電所を造らなければならなかったことの間違いが原点であることを是非反省してもらいたい。

もしこの本について、発行者が続編を考えるなら、是非それには私の尊敬して止まないTM研究会の小宮山　宏会長はもちろん、同研究会の会員諸兄に登場して貰い、新たな日本改革に向けての卓見を披歴して頂きたいと思う。
最後に、この本の発行に当たり、全面的にご協力を頂いた株式会社財界研究所の村田博文社長と、同社の関係者のみなさんに衷心よりお礼を申し上げる。また、急ぎこの本の上梓に協力してくれた、同社の畑山崇浩氏と、私の仕事を支えてくれている東京と福岡のスタッフ、門田高明君と廣田順子さんに併せて感謝を申し上げる。

敬白

[著者紹介]
永野芳宣（ながのよしのぶ）
1931年生まれ。東京電力常任監査役、特別顧問、日本エネルギー経済研究所研究顧問、政策科学研究所所長・副理事長、九州電力エグゼクティブアドバイザーなどを経て、福岡大学客員教授。ほかにメルテックス相談役、イワキ特別顧問、正興電機製作所経営諮問委員、立山科学グループ顧問、ＴＭ研究会代表幹事などを務める。

■主な著書
『外圧に抗した男』（角川書店）『小説・古河市兵衛』（中央公論新社）『日本型グループ経営』（ダイヤモンド社）『「明徳」経営論』（中央公論新社）『日本の著名的無名人［Ｉ～］』（財界研究所）『ミニ株式会社が日本を変える』（産経新聞出版）『蒲島郁夫の思い』（財界研究所）『目指せ日本一だ』（同）『急げ！国産資源の輸出戦略』（西日本新聞社）ほか論文多数。

３・１１《なゐ》にめげず

2011年５月28日第１版第１刷発行
著者――――永野芳宣
発行者――――村田博文
発行所――――株式会社財界研究所
［住所］〒100-0014　東京都千代田区永田町２-14-3　赤坂東急ビル11階
［電話］03-3581-6771
［ファックス］03-3581-6777
［URL］http://www.zaikai.jp/

印刷・製本――――凸版印刷株式会社

ISBN978-4-87932-074-2
定価表示はカバーに印刷してあります。